CB029406

A Arte na Era da Máquina

Coleção Debates
Dirigida por J. Guinsburg

Equipe de Realização – Tradução: Thereza Martins Pinheiro; Revisão: Mary
Amazonas Leite de Barros; Produção: Ricardo W. Neves e Raquel Fernandes
Abranches.

maxwell fry

A ARTE NA ERA DA MÁQUINA

 PERSPECTIVA

Título do original
Art in Machine Age

© Maxwell Fry, 1969

Dados Internacionais de Catalogação na Publicação (CIP)
(Câmara Brasileira do Livro, SP, Brasil)

Fry, Maxwell, 1899-1987.
A arte na era da máquina / Maxwell Fry ;
tradução Thereza Martins Pinheiro. -- São Paulo :
Perspectiva, 2010. -- (Debates ; 71)

Título original: Art in a machine age.
1ª reimpr. da 2. ed. de 1982.
ISBN 978-85-273-0416-0

1. Arquitetos e comunidade 2. Arquitetura -
Aspectos psicológicos 3. Arquitetura moderna -
Século 20 I. Título. II. Série.

10-02021   CDD-724.9

Índices para catálogo sistemático:
1. Arquitetura moderna : Século 20 : História   724.9
2. Século 20 : Arquitetura moderna :História   724.9

Direitos reservados em língua portuguesa à
EDITORA PERSPECTIVA S.A.

Av. Brigadeiro Luís Antônio, 3025
01401-000 – São Paulo – SP – Brasil
Telefax: (0--11) 3885-8388
www.editoraperspectiva.com.br

2010

A Jacqueline Tyrwhitt
com gratidão e afeto

SUMÁRIO

PREFÁCIO

Meu primeiro agradecimento dirige-se ao Prof. Johnson-Marshall por sugerir que uma série de palestras na Universidade de Edimburgo fossem a conseqüência lógica de um seminário por demais extenso. Entretanto, meu débito à Prof.ª Jacqueline Tyrwhitt retrocede ainda mais no tempo e cobre um campo que me foi aberto por ela em Harvard e que de fato me pôs a caminho, se isto pode ser aceito como tal.

Numa fase crítica sou grato a Sir Geoffrey Vickers, V.C., por seus pontos de vista a respeito da situação presente que vieram de encontro aos meus e pela cuidadosa ajuda que me ofereceu na preparação do manuscrito.

A Royal Academy permitiu-me exprimir minhas opiniões a um público limitado, que, alegro-me em dizê-lo, incluía uma neta interessada; agradeço a oportunidade de lembrar minha dívida para com seu conselho.

Gostaria de expressar meus agradecimentos a alguns leitores de meu manuscrito, em especial Richard e Margaret Finch; e reconheço, com gratidão que se estende por um longo período de união e parceria, o valor de discussões e o encorajamento que me foi dado quando eu mais precisava dele.

E. MAXWELL FRY

INTRODUÇÃO

Embora este livro pudesse ter sido escrito a qualquer tempo nos últimos dez anos, a própria continuidade do exercício profissional teria bastado para abafar o impulso de comprometimento com um trabalho à parte bem mais prolongado do que uma série de palestras e artigos pelos quais uma atitude adquire expressão.

Também a atração do profissionalismo, o sentimento de que o artesão deve agüentar até o fim, é tão forte quanto seria de esperar nesta era de especialização. Escrever em termos gerais, expressar opiniões pessoais sobre assuntos de interesse geral é contrário à solicitação de pontos de vista autênticos emitidos por peritos reputados em áreas especiais do conhecimento.

Afortunadamente, exerço uma arte da qual é difícil traçar os limites. Confinada estritamente à criação de formas de edificação, atinge, entretanto, tão profundamente as necessidades humanas que chega a incluir em seu escopo uma dúzia de disciplinas distintamente reconhecidas abrangendo desde a ciência até a arte. Ampliada de modo a incluir o planejamento de cidades ou, como preferimos dizer hoje, o ambiente construído, pouca coisa existe que escape a sua investigação. Se sua tarefa é criar um novo meio de viver, então não só se interessa pela vida como é vivida, mas como continuará a ser vivida bem após a virada do século, esse ano 2000 que significa tanta coisa diferente para tanta gente diferente.

É possível que não cheguemos ao ano 2000 em condições em que este livro possa servir, já que dispomos do poder de nos destruirmos no sentido mais físico da palavra. Por outro lado, se as atuais estimativas de população para tal ano se confirmarem, a maior parte dos argumentos a favor de um padrão de vida civilizado terão se tornado acadêmicos pela simples pressão do povo sobre a terra se tal pressão já não houver produzido os males sociais esperados antes mesmo que se chegue a esse ano.

Estas alternativas circunscrevem uma situação que nos enche de inquietude. Em lugar de nos vermos como deuses na posse de segredos da natureza dos quais podemos dispor para benefício da humanidade, quase no momento de adquirirmos este conhecimento do bem e do mal, recuamos, face à imensidade das conseqüências que podem advir, num auto-exame como há séculos não temos feito.

Não preciso salientar o imediatismo do dilema em que nos encontramos. Infiltra-se no pensamento de todos os que têm tempo para pensar e são capazes de perceber uma ligação entre as catástrofes da última guerra e a tensão da vida numa sociedade tecnocrata a partir dessa época.

Mas o mais difícil é imaginar uma alternativa plausível e atraente para a vida que vivemos, ainda que contingente e ameaçada. Nascemos, todos nós, bem dentro do romance da revolução científica, que teve suas origens no século XVII, e os hábitos estão hoje de tal modo encastoados em convenções com força de moralidade que se nossa salvação dependesse de nossa renúncia a eles, o que é bem viável, poderíamos sentir-nos impotentes para agir.

As convenções a que me refiro não são apenas sociais, pois colocamo-nos em nosso estado atual. Muitos antes de a primeira máquina ser inventada, havíamos iniciado a divisão racional do trabalho assumido pela máquina para especializar e intensificar essa divisão mudando simplesmente a atitude de espírito a que devia sua existência.

Mas, dizem meus amigos, esta máquina que você parece revestir de uma animosidade quase ferina é apenas uma ferramenta na mão do homem. Fora a ficção científica, um computador é um calculador digital que depende dos dados com que o alimentamos para sua eficiência. Ao que respondo somente: então por que vocês estão com medo?

Escrevi um livro intitulado *Fine Building*[1] em 1941 — quase no fim do ano da guerra de mentira, isto é, já na *blitz*. Foi um estranho período de nossas vidas pois havíamos passado esse ano quase morto, olhando com horror o que ocorria no continente europeu, perturbados, diria, por sentimentos de remorso pelo que havíamos deixado ocorrer, mas pior ainda, por algo que pudesse corresponder à reação de um homem que houvesse sido submetido à revelia a uma cirurgia desagradável, uma ira impotente ante uma indignidade não procurada nem prevista.

Este período terminou pela retirada do Exército britânico da França em Dunquerque, a Batalha da Inglaterra, e o começo do longo bombardeio aéreo de nosso país. A apatia e o desânimo desapareceram da noite para o dia, a sociedade enfrentou as obrigações da sobrevivência, e nesta atmosfera de decisão no presente e crença no futuro iniciei meu livro.

Naturalmente foi o desabafo necessário de um arquiteto interrompido em meio de carreira, mas ex-

1. FRY, Maxwell. *Fine Building*. Faber, publicado em 1944.

pressou, tão claramente quanto lhe era possível, o espírito do movimento moderno da arquitetura, a reunião da arte e do industrialismo que encontrou seu centro verdadeiro na extraordinária criação de Walter Gropius, a Bauhaus em Dessau.

Tratarei desse período mais adiante. Basta dizer aqui o quão significativo esse estágio pareceu na evolução da cultura européia, embora dependa do leitor decidir, diante das provas que apresentarei, se foi tudo que nos pareceu ser, ou apenas um episódio histórico.

Devo ainda salientar que meu livro foi um reflexo exato da atmosfera esperançosa em que, depois da guerra, foram concebidas as novas cidades do *Welfare State* (Estado do Bem-Estar) e ao considerar o planejamento uma extensão necessária da arquitetura ressaltava a necessidade de uma ampla abordagem da solução dos problemas de criação e renovação que nos esperavam após a guerra. Foi exatamente um livro de sua época.

Num navio de transporte de tropas para a África Ocidental, escrevi um pequeno livro intitulado *Architecture for Children* [2], no qual dizia que a máquina era uma espécie de fatalidade que devemos tornar a melhor possível, tendo sido censurado por Walter Gropius por minha falta de entusiasmo.

Persisti, porém, em minhas dúvidas. Não mais o tornara a ver desde que deixara a Inglaterra antes da guerra e, no período que mediou a aceleração da marcha industrial, a intensificação e proliferação do mecanicismo em quase todos os aspectos da vida haviam se tornado cada vez mais notórias.

Em minha própria profissão, e acompanhando o impulso para a construção ainda mais industrializada sob a pressão da demanda habitacional, desenvolvia-se uma nova atitude em que o grupo encarregado do projeto atribuía maior importância à parte financeira e administrativa e um menor valor ao possível resultado, a ponto de tornar viável que os melhores arquitetos

2. FRY, Jane & Maxwell. *Architecture for Children*. Alen & Unwin, 1944.

profissionais fossem acusados de estarem "por fora" por uma maioria apoiada pela tendência tecnocrata das autoridades.

Por mais necessário e compreensível que isso fosse, há limites para a racionalização da vida. É isto, mais do que a coexistência de duas culturas anunciada por Lord Snow, que precisa ser investigado.

Existem duas culturas ou, de qualquer forma, duas abordagens da solução da grande variedade de problemas a serem resolvidos. Para um grupo de problemas usa-se uma, para outro, outra. A ciência avança abstraindo do problema aquilo que a perturba; a arte não é nada se não for ampla. A ciência usa a lógica; a arte é, numa escala muito maior, instintiva.

Fortemente impressionados a favor da ciência e sua tecnologia derivada, procuramos resolver todos os problemas cientificamente e falhamos, cegos nesse processo à existência de qualquer alternativa. Dessa forma, Snow, sentindo com razão o conflito de propósitos, queria que fundíssemos os dois, desbastando as arestas daquilo que precisa ser separado e definido se formos avaliar que grupo de problemas é adequado a que método de abordagem.

Durante o bem sucedido desenvolvimento de uma abordagem racional da vida, a arte foi a tal ponto diminuída que, em amplas faixas de experiência para as quais sua metodologia é eminentemente adequada negou-se-lhe importância. É considerada geralmente tanto intuitiva como ilógica e de pouca monta no mundo prático em meio ao horrível caos em que, no entanto, estamos destinados a passar nossos dias, e do qual temos de extrair os meios de salvação em termos de uma adaptação muito mais ajustada à totalidade das circunstâncias que restringem nossa existência ao futuro.

Dessa forma quero antes de mais nada descrever e definir o processo criativo da arquitetura, em suas manifestações primitivas, e a seguir, em contato com o quadro contemporâneo, demonstrar em que espécie de instrumento se constitui.

O que é este quadro, do que derivou e o que significa hoje para nós, complementa o processo criativo por necessitar ou não dele. Se a vida moderna pouco importa num processo que é por definição ilógico e obtém suas mais valiosas conclusões pela intuição, se prefere lidar somente com o mensurável e calculável isolando aquilo que, no entanto, lhe concerne, então devemos saber o que nos espera.

Procurei, portanto, apresentar o dilema o mais claramente possível, trazendo a história do industrialismo e seus efeitos até o presente, e pondo a seu lado o crescimento, na arquitetura, de uma série de idéias destinadas a controlar um campo de atividade quase igual por métodos que lhe são contrários.

Seria o meu caso, se eu fosse advogado. Mas não é uma questão de um sistema contra o outro. Não digo que as pessoas devam ir a escolas de Arte e Arquitetura ao invés de ir à London School of Economics, por mais tentadora que seja a perspectiva.

O que pode ser sugerido é a existência, necessária e continuada, de uma forma de se chegar a alguns problemas mais importantes da vida contemporânea e futura que dependam, na fase crítica de sua solução, de um elenco de sentimentos e de períodos curtos de intuição. Só assim uma ampla visão de conjunto de acontecimentos relevantes é profunda e completamente compreendida e trazida à superfície.

Negligenciando esta abordagem em favor de toda forma de especialização, multiplicamos e intensificamos a mecânica sacrificando o viver realmente agradável. Segue-se que, ao minimizar os processos miraculosos da intuição metódica, marginalizamos a arte e a poesia e baixamos o nível em que são tomadas todas as decisões, tanto culturais, como científicas, industriais ou políticas.

Finalmente, é fundamental para este livro que a Arte seja aceita como a descrevo, isto é, como uma necessidade para a vida e não um derivativo dela.

1. QUANDO O MUNDO ERA MAIS JOVEM: A ARQUITETURA DE INSTINTO

Em meio a este mundo fotográfico, é difícil crer que o homem seja um criador com um senso de forma instintivo. No entanto, contra toda prova em contrário proveniente do comércio da reprodução pelo mundo inteiro, sustento que assim é: no fundo, mas disponível em cada homem, há o poder de reagir aos incitamentos da natureza que o conduzem à harmonia.

Dificilmente o talento criativo estaria presente em algumas pessoas e totalmente ausente em outras, pois se assim fosse não poderia haver reação das numerosas criaturas destituídas de talento às obras dos poucos talentosos, e o talento permaneceria isolado como um fenômeno peculiar, sem qualquer ligação com a vida em geral. Singular e misterioso como o talento na forma concentrada em que se manifesta na obra de um Henry Moore ou um Le Corbusier, o que é singular é o grau de concentração, não a coisa em si que, embora essencialmente misteriosa, não é singular.

O mundo ocidental é muito inventivo e criativo e ampliou, se não seu domínio, pelo menos seu poder de manipular as forças da natureza com vistas unicamente ao homem. Isso foi feito através de uma metodologia devidamente designada por ciência que, em geral, atinge seus fins pelo estudo dos fenômenos isoladamente e, embora deva muito de seus avanços a lampejos da intuição e hipóteses imaginativas, prefere o que é simultaneamente material e mensurável.

Dada a eficácia dos meios, os fins estão postos em questão por toda parte; o que significa tão-somente que a ciência está sendo solicitada a aceitar limitações até agora alheias a ela e mais próximas do que se deve considerar mais como arte do que como ciência. Por mais oposta que seja esta afirmação diante da importância conferida à tecnologia como meio de resolver os problemas atuais, implica apenas a necessidade de uma abordagem diferente aos mais' altos níveis da ciência; isto é, a aceitação de pontos de referência mais amplos.

Mas esta confusão de meios e fins tem seus reflexos em todo nível em que a ciência é chamada como auxiliar, sobretudo porque a filosofia dominante, ou melhor, a emoção não consegue imaginar outro meio de chegar aos resultados exceto a observação e medida dos fenômenos isoladamente: não pode se convencer de que uma abordagem mais ampla poderia levar a soluções dignas de confiança. Não é de fato apenas os fins que estão em causa, mas os meios que qualificam os fins: a confusão é geral.

Por esta razão é que fui levado a examinar mais de perto do que muitos arquitetos considerariam necessário os sucessivos estádios do processo artístico e a metodologia em que se baseia, e a investigar um tipo de arte ligado à construção primitiva bastante afastada das questões cerebrais e sofisticadas que hoje podem nos atordoar.

Num livro anterior falei de Arte como sendo algo lançado a partir de uma espiral de sexo, visão que mais tarde encontrei corroborada por Rémy de Gourmont num livro chamado *The Natural Philosophy of Love* [1] no qual ele traça através dos reinos dos insetos, das aves, e animais, os diversos modos de corte, consumação e reprodução que juntos representam o impulso universal de viver. Os capítulos de abertura contêm estas palavras:

Qual é o objetivo da vida? Sua preservação... Em princípio a única ocupação de qualquer criatura é renovar, pelo ato sexual, a forma de que está revestida. Para esta finalidade come e para esta finalidade constrói. Este ato é tão claramente o objetivo, único e definido, que constitui a vida inteira de um número bastante grande de animais, que, não obstante, são bastante complexos... apenas na aparência o homem escapa dessa imposição da Natureza. Ele escapa como indivíduo, e submete-se como espécie... Dificilmente não se tem a ilusão da liberdade, idéia que se deve pôr de lado se quisermos pensar de um modo não totalmente irracional; em compensação, porém, é certo que a multiplicidade de atividades possíveis é quase um equivalente a esta liberdade... Não nos devemos deixar enganar pela distinção escolástica entre instinto e inteligência; o homem está tão cheio de instintos como o inseto mais manifestamente instintivo; apenas obedece a eles por métodos mais diversos, ou seja, todos... Se alguém deseja uma única e exclusiva moral, isto é, um mandamento universal a que todas as espécies possam escutar, que possam seguir no espírito — e na letra — se deseja, em suma, conhecer o "objetivo da vida" e o dever de viver, necessita, evidentemente, encontrar a fórmula

---

1. GOURMONT, Rémy de. *The Natural Philosophy of Love.* Londres, The Casanova Society. (Trad. de Ezra Pound)

que irá totalizar todas as contradições, queorá-las e fundi-las numa única afirmação. Há apenas uma, podemos repeti-lo sem medo e sem permitir qualquer objeção: o objetivo da vida é a continuação da vida.

Segundo esta lei universal, todas as formas de vida, que precisam de proteção a fim de desempenhar o ciclo que lhes coube, erigiram uma variedade infinita de material de cobertura e proteção em colaboração a mais íntima possível com as condições a elas associadas. Estas abrangem desde o inconseqüente ajuntamento dos ninhos das águias ou cisnes às tacinhas rústicas estreitamente tecidas dos pássaros de sebe, cuja chegada quando éramos jovens nunca mais esquecemos, até as elegantes caixinhas tramadas em espiral dos pássaros tecelões. Mas, no reino dos peixes, a simetria que admiramos no ninho do pássaro tecelão se transforma através de todo tipo de coberturas de conchas na mais pura manifestação de acréscimos que obedecem a leis de progressão que apelam ao nosso prazer de reconhecer o que, sem mais indagações, parece fundamental a nossa existência.

As emoções que experimentamos desde aquela primeira visão por entre os galhos separados do ninho do pequeno rouxinol derivam quase inteiramente da similaridade entre a plumosa domesticidade do ninho e nossa própria vida doméstica, e ficamos felizes em confessá-lo. Mas, para a beleza das formas espiraladas das conchas, reservamos um prazer mais estritamente estético, que nos transporta a áreas de apreciação artística donde as reações emocionais mais rudes são banidas como alguém cuja presença contínua nos incomoda.

Entretanto, são todas da mesma matéria. Todas essas formas de que falamos são processos diretos da natureza. A flor se oferece à abelha, é fertilizada e morre quando em seu interior a nova semente amadurece em fruto; mas nem a abelha nem a flor se refletiram no processo que as une; elas o processam e ele se realiza.

Paul Valéry coloca isto com acurada elegância na seguinte passagem de *Eupalinos*:

SÓCRATES A FEDRO [2]:

Já a árvore não constrói seus galhos e folhas; nem o galo seu bico e suas penas. Mas a árvore e todas as suas partes, e o galo e todas as dele, são construídos pelos próprios princípios, que não existem separadamente do construir. Aquilo que faz e aquilo que é feito são indivisíveis; e assim é com todos os corpos que vivem, ou que têm um tipo de vida, como os cristais. Não são atos que os engendram; e sua geração não pode explicar-se por qualquer combinação de atos, pois atos pressupõem seres vivos.

Nem ainda pode ser dito que são espontâneos — esta palavra é simplesmente uma confissão de impotência... sabemos, além disso, que estes seres precisaram de mil coisas em seu ambiente, a fim de que pudessem existir. Dependem de toda e qualquer coisa, embora a ação de todas as coisas pareça, por si mesma, incapaz de criá-los.

Mas, quanto aos objetos feitos pelo homem, devem-se a atos do pensamento.

Os princípios estão separados da construção e, de fora, são como que impostos ao material por um tirano que os confere por meio de seus atos. A Natureza em seu trabalho não distingue os detalhes do todo; mas ataca por todos os lados ao mesmo tempo, encadeando-se a si mesma sem experimentos, sem regressões, sem modelos, nem objetivo específico e nem reservas; não separa um projeto de sua execução; nunca segue um trajeto direto independentemente dos obstáculos, mas compromete-se com eles, mistura-os a seu movimento, contorna-os ou faz uso deles: como se a trilha tomada, o objeto que segue esta trilha, o tempo gasto em

2. VALÉRY, Paul. *Dialogues*. Routledge & Kegan Paul, 1957. v. IV.

pròtegê-lo, as próprias dificuldades que ele apresenta, fossem todos da mesma substância. Se um homem acena com seu braço, distinguimos este braço de seu gesto, e concebemos entre gesto e braço uma relação *puramente possível*. Mas do ponto de vista de natureza o gesto do braço e o próprio braço não podem ser separados...

O que proporciona a conexão entre os "deliberados" trabalhos do homem e os da própria natureza é a própria necessidade imposta ao homem de "idear" que se encontra no âmago de toda criatividade humana.

Para assim fazer, ele precisa colaborar com aquilo que o.rodeia, e pode muito bem acontecer, desde que ambos, extensão e recursos do mundo, não são ilimitados, que, para nós, o verdadeiro segredo do universo seja como ler os termos desta colaboração e definir suas limitações. É preciso voltar sempre ao trabalho de decifrar este segredo ou, deixando de fazê-lo, correr o risco de aniquilamento.

Este relacionamento é toldado pelo aparente êxito com que temos desenvolvido a busca do segredo da matéria. Isto é bem evidente nas mais simples realizações que, no decurso da maior parte do tempo histórico e em toda parte do mundo, forneceram ao homem abrigo contra os elementos e as circunstâncias adversas e que, para fins de comparação, classifiquei como Arquitetura Instintiva.

Este tipo de arquitetura é encontrado nas cidades montanhosas da Itália (Fig. 1), nos *kraals* africanos, nas paisagens de telhados medievais, nas vielas com arcadas da Espanha, na textura mosaica do Marrakech, nas aldeias Amandabele de Pretória. Encontra-se por toda parte do mundo antigo. As próprias aldeias que destruímos para dar lugar à nova cidade de Chandigarh[3] foram a principal compensação de nossa árdua vida de trabalho lá e tentarei descrever sua aparência e os sentimentos que suscitaram, na medida em

---

3. Capital de Punjab, Índia, desenhada em 1951-54 por Le Corbusier com Maxwell Fry, Jane Drew e Pierre Jeanneret (Le Corbusier).

que nos ajudaram numa definição da Arquitetura Instintiva. Este termo foi inventado alguns anos antes que Bernard Rudofsky publicasse seu estudo do que chama "Arquitetura sem Arquitetos". Devo muito a este belo livro mas continuarei a falar de Arquitetura Instintiva como uma arte em contraste com a arte cada vez mais cerebral de hoje em dia.

Denominaríamos essas aldeias da planície do Punjab de povoados. O rico solo argiloso comporta uma lavoura intensiva de aveia, grão-de-bico e açúcar. Não é um deserto, como sugeriu um jornalista francês por demais entusiasta.

Tanto o tamanho dos povoados como seu espaçamento são respostas diretas a um mero conjunto de condições sem exatidão matemática. Homens e animais espalham-se nos campos toda manhã e se reúnem ao entardecer. Aquilo que homens e animais podem fazer com utensílios primitivos define o terreno; onde há água localiza-se a aldeia.

Portanto, em intervalos um tanto similares, as trilhas por entre as fileiras das plantações juntam-se onde a terra escura eleva-se até a forma apenas distinguível que abriga uma comunidade de setecentas ou oitocentas almas. Vista dos campos é pouco mais que uma excrescência de lama moldada, às vezes encimada pela casa do ancião ou do coletor de imposto, e orlada irregularmente por árvores dentre as quais a gigantesca e sagrada figueira domina claramente, marcando o lugar da lagoa ou tanque com o templo nas proximidades.

Uma vista aérea sem dúvida revelaria um grau ainda maior de similaridade entre os povoados e, o que é mais interessante, mostraria especialmente na estação da colheita a conexão exata entre eles e sua lavoura; a extensão em que são tanto parte do processo de reprodução, como o cálice de uma flor é parte de um ciclo que inclui a forma da planta que decora, a abelha que fertiliza, e a região que as convida a florescer.

Lembro-me de uma vez de regresso da África em que sobrevoei o Norte da Espanha e descobri no solo lá embaixo uma série de belas formas semelhantes a flores que se resolviam em aldeias a cuja volta alguma cultura estava sendo espalhada para amadurecer ou ser debulhada. Voava alto demais para distinguir vida: apenas a forma era aparente.

Essa vista aérea abriu novas paisagens para nós, paisagens tão estranhas e belas e tão freqüentemente parecidas com aquelas reveladas pela microfotografia. Contemplo abaixo os flancos de montanhas inescaláveis até os vales vincados fundo enquanto o pico do Mont Blanc se move sob meu avião. Meu vizinho fotografa-o mas não se sai melhor do que eu. Passo o dia sobre os desertos que se estendem quase ininterruptos de Delhi ao Atlântico, uma fantasia infinda de terra enrugada. A manhã levanta-se sobre o Saara como lanças de luz atiradas por um deus que se ergue em fúria: desempenham-se grandes atos; o Níger meandra por uma infinitude de verde, enquanto massas de nuvens em combate, milhas acima, movem-se do Equador para cima.

Essa visão aérea mostra-nos muito, mas facilmente pode tornar-se uma experiência não participante, ou, pelo menos, difícil de se lidar. Nosso interesse em forma ou textura desvinculado de outras experiências pode desvanecer-se, mas no chão recobra-se o elemento animal. Vamos portanto entrar no povoado Punjab pelo caminho que passa pela lagoa, onde os búfalos d'água ficam submersos até o focinho. A figueira forma um imenso arco por cima da água; suas raízes espicham dedos nodosos; mulheres reúnem-se junto ao paço; um sino do templo repica suavemente; a fumaça sobe. Nas vielas contorcidas bodes se espremem contra as paredes de barro redondas ou entram em passo preguiçoso nos minúsculos pátios onde além, na sombra que se aprofunda, as pequenas complicações da vida doméstica são recebidas numa forma branca escultural (Fig. 2). A beleza está em toda parte, inerente; não mais nos pátios do que no tronco encaroçado de árvore; não menos no suave arco trabalhado em ferro da beira do poço do que nos bois de olhar meigo, brancos como leite, que esperam sua vez. Tudo é beleza: intemporal.

O sentimento evocado é de harmonia, como se todas as partes tivessem chegado à sua forma própria em relação ao todo e cada uma é diferente apenas porque a natureza raras vezes permite que se repitam as mesmas circunstâncias. O que permaneceu constante foi o problema comum, e enquanto geração após geração construiu e reconstruiu, desgastou, poliu, caiu de novo após a monção, decorou com emblemas do deus preferido, com representações cruas do tigre inimigo, o fato de assim ter permanecido assegura que cada solução individual do problema parcial irá aproximar-se do todo e carregar a marca comum.

Será pois o tempo o fator determinante? Deve ser respondido "Sim". "Lentidão é beleza", gostava de dizer Henry Morris [4] enquanto caminhávamos de um pátio de colégio a outro em Cambridge, e na lentidão e imutabilidade o homem comum penetra tão completamente nos termos de suas tarefas singelas, que essas tomam as proporções de uma beleza divina porque se tornou inseparável da natureza, embora fale pela comunidade do homem.

Detive-me bastante nos efeitos desorganizados da natureza sem controle. Conheço a extensa sebe sem fim, a floresta selvagem e competitiva e compreendo o quanto estou interessado no homem, quão significativo acho o mais humilde de seus trabalhos e com que ansiedade busco no cenário onde o natural é preponderantemente sua marca querida.

No sinuoso caminho de montanha para Simla, deparei-me uma vez com dois grandes flancos de montanha. Um, onde não havia precipício, era revestido de árvores e era imenso, incomensurável. O outro era constituído por patamares desde um nível longe da vista na dobra do vale embaixo, até alturas bem acima de mim, numa sucessão estonteante de pequenos patamares interrompidos aqui e ali por pequenas casas que pareciam pranchas, cada uma com seu macio tufo de árvores; ao todo um trabalho poderoso, mas, no detalhe de suas partes, o mais humilde trabalho

---

4. Henry Morris, antigo diretor de ensino no Condado de Cambridge e fundador do Village College System.

de homens despercebidos era claramente visível para mim através do espaço que se interpunha, e no qual duas pipas rodopiavam em círculos sem fim como se o tempo nada significasse.

O primeiro flanco de montanha era, como disse, incomensurável; não oferecia apoio para minha simpatia. Eu poderia temê-lo. Pelo mesmo feitiço poderia adorá-lo; mas estava fora do meu alcance. O outro estava na escala humana, era mensurável pela referência àquilo que nos comove e nos reúne à natureza sem deformar nossa estatura como seres humanos.

Muito antes de minha ida à Índia, visitei o planalto da Nigéria, onde uma raça de pagãos se mantinha pela agricultura meticulosa de campos abertos por entre rochas gigantescas que se escoram fora do nível das camadas de terra fértil. As mulheres tinham uma estatura nobre e cobriam a nudez apenas com uma folhagem suspensa por um fio, mas podiam ser vistas andando através da dramática paisagem carregando varas compridas, seus rostos impassíveis e solenes como nos retratos da primeira Rainha Elizabeth. Estas pessoas viviam em grupos de choças enfileiradas como contas, mas compostas de tal modo que a desigualdade de tamanho entre uma choça e outra era de certa forma compensada a fim de que o conjunto, apesar da aparente inconseqüência, formasse um perfeito colar. A desigualdade era de fato uma expressão da composição do grupo e de sua hierarquia. Havia uma choça para o chefe, para suas esposas, para a esposa grávida, para o cavalo, para os cereais, para a cozinha.

Reunido embaixo de árvores, o pequeno grupo mantinha-se unido como um compacto cacho de nozes, e cada choça era uma perfeita noz (Fig. 3). Assentada sobre um anel de pedras polidas, inflava-se da base e daí estreitava-se para receber a coroa de sapé fino que terminava com um floreio e sua superfície, dura e elegante, lembrava uma velha peça fundida de bronze, algo de origem aristocrática.

Esta emanação de sentimento aristocrático, sempre recorrente nas obras da arquitetura instintiva, nada mais é que outro efeito do tempo, do tempo como agente de aperfeiçoamento do processo de assimilação.

Quando, há uns quinze anos atrás, cheguei pela primeira vez à África Oriental, vi por toda parte em vasos, esteiras, cestas, tecidos e adornos, provas do que posso apenas descrever como um sentimento aristocrático pelo desenho; uma alta qualidade de comedimento no adorno, o emprego apenas dos melhores e mais apropriados materiais, a assunção de perfis de pureza clássica mas desdobrados por toda parte com vigor decidido, sem exibir qualquer traço de vulgaridade.

A maioria disso está desaparecendo porque as pessoas não sabem como querer, mas ainda podem-se comprar nos mercados vasos caseiros queimados a mão, feitos sem torno de oleiro, nos quais, com um caco de vidro ou qualquer instrumento igualmente rudimentar, o autor riscou desenhos de pássaros ou animais para todo o mundo, como Paul Klee, embora não haja dúvida quanto a quem chegou lá primeiro, nem muita dúvida quanto àquilo sobre que Paul Klee desejou, conscientemente ou não, chamar nossa atenção.

Com relação a estes desenhos africanos apenas diria que não são ilógicos no sentido meio negativo que esta palavra assumiu para nós. Não são escapes nem perversões intelectuais. Como tivemos uma intensa carga de lógica, somos propensos a considerar o ilógico como um rápido corte na razão. Mas esta não é a saída. Esses desenhos não são ilógicos. Dentro de seu ambiente são tão racionais como é qualquer outra coisa nesse mundo de sonho, e é mais válido considerá-los como simples celebrações: coisas feitas pelo prazer de fazê-las.

Existe uma tribo na África do Sul, a Amandabele de Pretória, que foi salva da extinção pelo amor de um bom homem, o Professor Meiring, Diretor da Escola de Arquitetura de Pretória. Falei do senso do desenho corrente na série de artigos caseiros, implementos e materiais do povo nigeriano, da harmonia da aldeia Punjab, mas aqui, na inóspita região montanhosa de Pretória, há um povo que, poder-se-ia dizer, vive o desenho.

É um povo pastoral, que escolheu para local de suas vilas — em forma de U — as encostas dos montes do Norte com vista para suas pastagens. Entre eles e a vista são construídos os *kraals* para seus animais que também são os campos de sepultura para seus anciãos e pessoas eminentes em seu folclore.

Por costume, segundo o qual o fato de as coisas permanecerem calmas é sinal de consolidação do bom senso, o plano da vila é sempre igual. É composto por unidades que seguem um modelo tradicional, consistindo numa choça arredondada situada num pátio retangular desigual, com muros de barro de cerca de cinco pés de altura, mas dividido ao meio em pátios da frente e do fundo, ou "lapa": o da frente para a acolhida, o de trás para a cozinha; e, na frente de tudo isto, há um muro baixo ou plataforma que constitui uma espécie de varanda descoberta ou área social.

A construção, até o ponto onde realmente abrange o trabalho árduo, é tarefa dos homens, e o trabalhoso revestimento com barro é tarefa das mulheres que daí prosseguem ornamentando o barro com uma decoração que revive a própria vida para eles (Fig. 4). Assim como um retrato de Gainsborough parece absorver em si mesmo tudo o que se poderia dizer do aspecto da Inglaterra do século XVIII que se manteve graças à sua cultura dominante; assim, aqui esses vibrantes desenhos geométricos em cores fortes de terra — em preto, cinza e *siennas,* mas sobretudo preto — assimilam as características dominantes dos Amandabele, sua cor, a roupa das mulheres, seus utensílios e ornamentos e, caso pudesse ser conhecida, sua qualidade como seres humanos; as proporções, por assim dizer, de sua personalidade.

Chegamos à aldeia restaurada pelo Professor Meiring, num cortejo de carros aos solavancos pelas estradas de terra, e estacionamos em grupo de frente para a aldeia, estas nossas armas agressivas brilhando enquanto dávamos uma volta para inspecionar.

Sentia-me constrangido nessa caminhada de inspeção: as choças eram tão pequenas, o povo tão sereno e contido, tão belo e superior, que senti não ter o direito de invadir uma intimidade criada com tanta harmonia, e o bando de carros me envergonhava. Pois, apesar do arrojo dos desenhos brilhantes sobre o fundo branco, o efeito era de intimidade. Não era uma exibição, a menos que se considerem as marcas na pele de uma cobra como exibição: nem poderia pertencer àquele tipo de camuflagem natural que altera em muito a aparência, o que é raro e estranho no animal, e, especialmente no reino dos peixes, originando-se, quase sempre, de uma necessidade de proteção.

Este é um povo pastoral, como disse, e esta glorificação da moradia em semelhança a si mesmo é feita pelas mulheres a cada ano, indo em busca do barro adequado às cores, moendo e misturando-o e então, como um milagre, pintando-o diretamente sobre a caiação; e não os mesmos desenhos por toda parte, mas apenas o mesmo tipo de desenho com criatividade fluente como uma vida, que o mantém sempre pleno, seguro e natural.

Sentia vergonha pois descobrira que eu próprio poderia desenhar algo nesse estilo e observara Le Corbusier trabalhando na reelaboração de seus velhos temas, e tinha consciência de que a capacidade de desenhar consiste numa reconquista da liberdade; ou, ao inverso, que esta capacidade é em geral reprimida pelo tipo de vida que levamos, desviada pelo enfoque do século XIX que ainda nos domina, ou seja, ver as coisas através da análise, do fatualismo, da especialização e da perpétua campanha do comércio.

Parecendo querer provar que o ímpeto de desenhar é anualmente regenerado, e que não é a repetição de um modelo de repertório, encontrei em algumas paredes nítidas representações de edifícios, um tema ausente sob outros aspectos. A incorporação era feliz, mas apenas isso. Fora absorvido pela confiança adquirida com o tempo, mas a mim sugeria a possibilidade de um fracasso, e compreendi até que ponto a totalidade é necessária ao sucesso.

Parti profundamente perplexo com a natureza do que tinha visto e sua relação com minha própria vida. Essas pessoas, disse a mim mesmo, manifestam não apenas nessas decorações, mas em sua roupa, em seu porte, seu folclore e, provavelmente, na conduta de suas vidas, um grau de ajustamento harmonioso superior ao meu. Saí para inspecionar o composto nativo e em troca fui inspecionado por uma pequena amostra de algo próximo da perfeição.

E onde se encontra a harmonia, prossegui, seria um sinal externo de um ajustamento interno? Ou apenas um acaso? No entanto, como pode ser um acaso, quando não é esse ajustamento, essa busca de harmonia na relação de nossa vida e nosso meio, o objetivo, a meta consciente dos melhores dentre nós? E não é o oposto disso, o desajustamento, o grande mal de nossa civilização ocidental, que enche os hospitais para doenças mentais e também metade dos hospitais comuns, que povoa os divãs dos psiquiatras, cria os marginais e existencialistas e que marca um vinco permanente na fronte dos moradores de cidade na metade de nosso mundo?

Enquanto refletia sobre essas questões, apareceu a grande e pecaminosa cidade de Joanesburgo, o lugar onde o cinismo substituiu o bom senso e a única religião é o fatalismo; Joanesburgo, a cidade existencial.

Decerto, disse, não pode haver duas medidas. Ou o que vi é importante e o que vejo em Joanesburgo é, de um modo geral, sem valor permanente, ou sou apenas um turista a quem se mostra a Reserva Africana.

Mas o que buscam os turistas a não ser isto mesmo? Chartres, e Stratford-on-Avon, Florença e Roma, é claro. Não deixam então seus centros tecnocratas em busca do que é tecido pelo tempo, coberto de líquen, tosco, feito a mão, inocente? Daquilo que, por mais tão póuco tempo, em qualquer lugar ainda solitário, permanece "ileso"?

Leia-se isto de Gerard Manley Hopkins:

> *Glória a Deus pelas coisas manchadas —*
> *Por céus bicolores como uma vaca malhada;*
> *Pelas pintas róseas salpicadas na truta que nada;*
> *Asas do tentilhão: carvão em brasa, castanhas*
> *[em queda;*
> *Paisagem tramada e fragmentada — rebanho,*
> *[alqueive e arado;*
> *E todos os ofícios, implementos, apetrechos*
> *[e trajes.*
> *Todas as coisas opostas, originais, vagas,*
> *[estranhas;*
> *Tudo que é inconstante, moscado (quem*
> *[sabe como?)*
> *Veloz, lento; doce, azedo; ofuscante, obscuro;*
> *Ele procria cuja beleza é o passado diverso:*
> *Seja Louvado* [5].

Costumo trazer de volta da África Oriental bichinhos de brinquedo feitos de tripa e pele que as crianças guardam como preciosidades e nunca perdem. Para minha filha trouxe uma bolsa de pele de leopardo. Seus filhos e amigos não resistem à vontade de trocá-la. Por que a pele ainda tem valor, como o ouro e o conhaque? Com o que procuram consolar-se nossas companheiras?

Na busca de indícios, de qualidades e atributos, encontro por toda parte provas daquilo que, abaixo do nível da arquitetura, é enriquecido com o valor de algo pertinente a ela.

Há os templos da Grécia isolados para visitação, mas despidos do que lhes deu origem, a forma residual de condições e emoções desaparecidas. Compreendemo-los apenas em parte. Mas quando lemos o *Banquete* de Platão, o diálogo do amor salta vivo

---

5. HOPKINS, G. M. *Pied Beauty* (Beleza sarapintada).

da página, Alcebíades irrompe na reunião cercado de moças, e é admiravelmente cômico com Sócrates. Isto compreendemos sem dificuldade.

Compreendemos com a mesma facilidade a Arquitetura Instintiva das aldeias pesqueiras da Grécia moderna, com sua escultura de degraus e telhados, e seus afrescos de paredes caiadas; embora chegue até nós em ininterrupta sucessão do passado remoto (Fig. 5). Se ajuntarmos tudo — os templos, Platão e as modestas aldeias — podemos começar a entender como a Acrópole tornou-se mais complexa com o tempo, com a associação e a consideração particular deste e daquele fator humano e divino, e reconhecer a relação entre a continuidade da forma usual e o aparecimento da tônica nos motivos mais majestosos, encontrando definição na escultura e arquitetura.

Pelo que sabemos, o silvícola africano não construiu grandes templos. Entretanto, também eles sentiram necessidade de elevar-se acima da forma usual, por si ainda bela, para a perfeição dos objetos de uso real e sacerdotal que transcendem seus propósitos e se tornam obras de arte tão sólidas e não obstante tão persuasivas que agora são elas e não Praxíteles que fertilizam a imaginação de Henry Moore e Paul Klee, preenchendo o vazio em nossa cultura Ocidental.

Sente-se em tudo isso um movimento ascendente a partir do composto vivo na Arquitetura Instintiva para pontos de clarificação, emoções particulares que a distinguem e elevam, temporariamente, aos mais altos níveis da arte. Dada a manutenção de um conjunto fixo de condições, a Arquitetura Instintiva vai apegar-se com tenacidade à sua forma acabada, mas, ao deixar que essas condições favoreçam algum excesso sobre o equilíbrio como o que alçou os atenienses ao domínio das ilhas, a particularização ocorre imediatamente, embora sempre vinculada a seus antecedentes ambientais, suas raízes corriqueiras, como Whitman denominou.

Estive descrevendo exemplos do que parece ocorrer em todas as partes do mundo onde as condições são favoráveis e isolei para exame detido algumas virtudes precisas inerentes às ordens de construção beirando a arquitetura, que permanecem em conexão direta com os fatos determinadores de sua criação, por longos períodos de tempo.

Quanto mais simples a ligação e menor a interferência da ação preconcebida, mais próximo da forma natural ficará o edifício e menos diversificadas serão suas partes.

Ao ver o perfil de Nova York ou ao contemplá-la do alto, sempre me impressionou que, ao menos no seu aspecto geral, também se tratasse de um tipo de Arquitetura Instintiva de gênero adulterado explicado em termos de pressões externas. Ao contrário de Paris ou da parte residencial de Londres, onde a forma do que é construído é o resultado de reflexão e seleção, Nova York parece de início apenas caótica e em seguida se desdobra numa formação cristalina não diversa da "Plataforma do Gigante" ou da "Gruta de Fingal". Dada a constrição da Ilha de Manhattan e a pressão financeira do progresso americano aí concentrado, os arranha-céus vão crescer rapidamente; com densidade nas áreas da rua 42 e do Centro e menos densamente em outra parte; e nem os que financiam esses arranha-céus nem seus arquitetos vão obedecer a qualquer projeto ou padrão convencionado ou modelo, mas responderão cegamente às pressões da necessidade irresistível.

Vista à distância, Nova York responde assim a minha definição de Arquitetura Instintiva. Exibindo uma ausência de ação preconcebida e composta de unidades de crescimento retilíneas, diferenciadas apenas pela altura, sua associação com seres humanos não seria imaginada de início pois a comparação com desfiladeiros, montanhas e coisas no gênero ocorre naturalmente às pessoas normais, que vêem sua beleza mais como uma manifestação da natureza do que do homem.

A curta distância a comparação perde o vigor por não haver detalhe que sustente. Muito do que era belo a longa distância — belo como material sobre o qual o sol e a nuvem se perseguem — torna-se de perto sem sentido. Ao contrário da forma como um todo, que poderia apenas mostrar as forças gigantescas da natureza movendo-se através dela, seu detalhe falha em tornar explícitos os propósitos tanto do homem como da natureza, e como artefato é insignificante.

Este caprichoso exemplo de Nova York não bastaria para encerrar uma descrição da Arquitetura Instintiva, em grande parte tirada de minha própria experiência. Leva-me à comparação que deve ser feita entre a Arquitetura Instintiva conforme descrita e outra classe de construção igualmente anônima, que constitui a maior parte da paisagem industrial do século XIX e princípios do século XX.

O desconjuntado cortiço do século XVIII referido em *Gin Lane* de Hogarth empederniu-se no que veio a ser conhecido como *byelaw street* que descrevi em *Fine Building* como segue:

A *byelaw street* é o produto matematicamente exato de um conjunto de padrões mínimos que definem as larguras das ruas, a distância entre os fundos das fileiras paralelas de casas, os ângulos de luz, a largura das passagens de serviço e assim por diante. Em comparação com os padrões até então obtidos, eles eram pura suavidade e luz, ou de qualquer modo irrefutavelmente sanitários e higiênicos. A única outra virtude que lhes concedo é a de terem adotado uma técnica rígida de absoluta padronização, o que lhes deveria ter permitido oferecer padrões mais altos de vários tipos de equipamento doméstico. Mas, esta virtude deve ser em parte retirada porque a padronização foi interpretada de maneira material e pouco generosa em essência.

Essas áreas de residências *byelaw*, tão extensas quanto-cidades, estão dominadas pela idéia bruta da reprodução reduzida a seus mais simples termos como a repetição de unidades similares em resposta ao princípio opressivo da economia materialista.

Um exemplo ao acaso de amontoamento de fundos com fundos em Everton Heights, Liverpool, datado de antes das *byelaw streets*, evidencia que as teorias da economia industrial serviram de disfarce aos atos agressivos de autopreservação das classes no poder às custas dos trabalhadores.

Seja como for, uma vez que o fenômeno persiste em larga escala, cabe descrevê-lo, a fim de avaliá-lo e situá-lo adequadamente na hierarquia da construção.

A unidade, como afinal surgiu na típica *byelaw street* era um pequeno sobrado com terraço, equivalente à largura de um lance de escadas e um saguão de entrada, com ou sem uma janela em sacada (Fig. 6). Seus materiais variavam conforme a região, sujeitos a uma economia rigorosa, mas o alcance de sua variação diminuiu, pois as olarias mecânicas dos Midlands e do Noroeste suplantaram a cerâmica local, e as pedreiras de ardósia do Norte do País de Gales eliminaram todas as outras formas de revestimento de telhado. Não deixava de ser decorado e a inspiração para tal decoração admissível em capitéis, fechos de arco, cumeeira de telhas e terminais de terracota, e no vitral da porta de entrada, era suprida, lamento dizer, nada mais nada menos que por John Ruskin.

No exemplo dado pode-se até admirar, pois gosto não se discute, o entalhe dos capitéis que sustentam o arco em tijolo da porta. Possivelmente deriva do livro *Stones of Venice* de Ruskin, embora outros detalhes possam ter sido tirados de livros sobre a arte medieval inglesa.

Além disso são todos feitos a mão. As casas deste período devem menos do que se poderia supor à manufatura direta a máquina. São mais um produto do trabalho por peça que é a idéia da máquina aplicada ao trabalho humano.

Aí está portanto a pequena unidade habitacional decorada em deferência ao Homem de Arte e equipada solidamente com algo mais que as necessidades da vida. Aí está tão inóspita quanto é possível ser uma coisa feita pelo homem; e este enjeitado sem

1. ... "pequeninos pátios onde, além, à sombra penetrante, as pequenas complicações da domesticidade são trans-
formadas numa forma branca escultural".

2. Vilarejo no planato de Jos, Nigéria do Norte.

3. Mulheres da tribo Amandabele decorando a parede de sua plataforma social.

4. Saracinesco, típica cidade italiana em colinas.

5. Arquitetura de aldeia das ilhas gregas.

6. Arquitetura doméstica de uma sociedade industrial. Kensal Rise, Londres.

7. Casa construída segundo código de obras. Brixton Londres.

4

5

6

7

8. Grupo de família, por Henry Moore, 1945-49. Galeria Tate, Londres. "... espécie de estado irracional, as feições reduzidas à mais pobre identificação com a humanidade. como se o que fosse humano nesses monólitos esféricos contemplasse, indefesamente, de seu cativeiro rochoso e terreno.

amor, concebido na ganância e no pecado, de pais desconhecidos, é reproduzido em linhas rígidas de rua após rua, desaparecendo na esfumaçada e obscura luz do dia que não conhece estação, num tédio monótono e ímpio (Fig. 7).

Ora, conquanto reconheçamos um grau de similitude nas partes de qualquer manifestação na Arquitetura Instintiva, esta nunca chegou a ser enfadonha; por mais extensa que pudesse ser, poderíamos contemplar tudo com prazer e simpatia.

A diferença entre os dois pode ser melhor explicada em termos do tipo de emoção despertada em cada um. No primeiro, um pequeno problema de construção, cujos termos estavam bem compreendidos, foi resolvido de uma maneira humana para a satisfação geral de uma pequena sociedade integrada, com tudo da mesma qualidade, tudo feito pelos membros do grupo a quem era destinado. O segundo é guiado por uma razão facciosa, uma emoção dúbia e um entendimento débil dos fatos relacionados ao desenho.

Os motivos decorativos são copiados de algum livro porque Ruskin os envergonhou, forçando-os a isso, e embora ele também lhes tenha explicado a diferença entre variedade, contraste e mera repetição, eles não o escutaram pois estavam por demais fundamentados na economia materialista de uma época cujo deus era a máquina.

Essas áreas são portanto repetitivas de modo exato e interminável. A mesma unidade habitacional com os mesmos capitéis de *Stones of Venice* ocupando milhas quadradas de ruas paralelas, que terminam abruptamente sem um traço terminal, podem ser interrompidas para acomodar uma fábrica ou um asilo de pobres, como se representasse o começo e o fim da vida, mas continuando daí por diante em geométrica rigidez até os limites da exploração econômica.

Não há tentativa para aproximar-se de qualquer tipo de argumento social, pois de fato não há nenhum, e se agora, depois de decorrido quase um século, alguma comunidade da rua surgiu de associação de fa-

40

mílias — o termo usado é parentesco — tem de lutar contra o padrão mecânico, como um fungo em suas juntas, carente de força, para estabelecer sua própria forma.

Antes de deixarmos esse horripilante período devemos salientar o sucesso com que o sistema de pensamento apagou cada elemento — "Todas as coisas opostas, originais, vagas, estranhas" — celebrado por Gerard Manley Hopkins; toda textura, toda irregularidade, todas as emoções de prazer e deleite.

A Arquitetura Instintiva teria aparentemente tido o seu lugar no mundo sempre onde a vida estivesse organizada apenas numa base comunitária, mas teria se atrofiado ao primeiro impacto do industrialismo, sendo agora um fator insignificante.

Na sociedade atual os níveis mais inferiores mal contribuem para qualquer tipo de projeto. Contribuem para o trabalho infinitamente diversificado e especializado do sistema industrial como empregados nas fábricas e na indústria de altos planejamentos de construção, onde sua opinião é raramente consultada, mas faltando-lhes o conhecimento do processo como um todo. Seus gostos encontram-se portanto divididos entre períodos de trabalho e de folga ou lazer, com o mínimo de relação entre eles, e conseqüentemente sofrem.

Os membros desta classe instalam-se no pequeno comércio, construção especulativa, posse de garagens e atividades no gênero, e sua falta de entendimento completo do que estão fazendo é responsável pelo aspecto hediondo das beiras de estrada.

Eles constituem a margem de uma desordem que afeta a sociedade como um todo, mas possibilitam uma comparação entre outros e mais antigos grupos de gente humilde que parecem ter estado bem mais de posse do que favorece a integridade e dignidade humanas.

Os artistas reagiram a esta situação de um modo que traz sentido a este estudo de Arquitetura Instintiva. Primeiro quebraram todo ideal da pintura clássica e renascentista por não mais refletir verdades válidas para a vida do século XIX. Os impressionistas buscaram seus temas dentre a plebe, os camponeses, as lavadeiras, prostitutas e, como estavam influenciados pelas idéias científicas, tentaram fracionar a cor em seus componentes.

Como um movimento sucedeu a outro, o realismo e suas leis de perspectiva, cuja descoberta reviveu a pintura renascentista, foi substituído por uma intensiva experimentação subjetiva de todo meio de expressão do subconsciente e aspectos instintivos da vida, para o que contribuiu decisivamente, nas séries de Avignon de Picasso, a primitiva arte africana.

A obra de Henry Moore demonstra uma volta direta às fontes primitivas. Suas primeiras esculturas consistiam em formas de seixos vazados e às vezes atados com arame, usualmente com alguns buracos de respiração, como de fato aparentavam. Nunca abandonou a figura humana por completo mas se retirou para uma espécie de estado irracional, as feições reduzidas à mais pobre identificação com a humanidade, como se o que fosse humano nesses monólitos esféricos contemplasse, indefesamente, de seu cativeiro rochoso e terreno (Fig. 8).

Em trabalhos posteriores, como por exemplo as figuras do Rei e da Rainha, ele permitiu-se um esboço quase naturalista de um pé ou mão, mas reduziu as faces a bicos inumanos de olhar vago; entretanto, suas figuras recostadas tomaram com o tempo o aspecto de divindades pagãs.

Em nossa época atual, a pintura tem rejeitado amplamente a figura humana em favor do que é chamado arte abstrata, mas não passa de um outro método de explorar o inconsciente subjetivo, de extrair de estados caóticos, como na *action painting*, tudo o que se julgar que expresse as reações de um artista à sua situação.

Muito das obras de que falo provém de artistas que trabalham isoladamente ou em grupos fechados. O patrocínio organizado cessou praticamente com o século XVIII. A ciência objetiva e seu fruto, o racionalismo, tinham pouco uso para a arte além de meio para consolidar fortuna, e em compensação os artistas encontraram muito pouco o que celebrar numa sociedade que os rejeitava. Privados de uma estrutura social a que a arte pudesse aderir, retrocederam sucessivamente rumo a um mundo primitivo de instintos e sentimentos, até. mesmo ao limiar do caos sensual que, no entender de Henry Adams [6], é a direção a que tende a ciência e o mundo que ela domina; e, em meio a tudo isso, ainda rejeitados e desligados de qualquer sociedade que pudessem reconhecer.

Deste pequeno estudo de Arquitetura Instintiva o que emerge é o fato de que o homem busca a harmonia ao seguir seu instinto para uma sobrevivência bem sucedida. Ele busca um ajustamento entre sua vida e as condições circundantes, cujo encontro ele celebra com a arte, jamais perdendo em qualquer ponto a ligação vital entre a mão e a mente.

No mundo de hoje, o pouco que resta dessa ordem de construção e feitura está sendo desalojado pelo sistema industrial reprodutivo, que está rompendo para sempre, ou enquanto continuarmos a exaltar o pensamento racional acima de quaisquer outros tipos, o elo entre o homem e seu ambiente, deixando-o desamparado num mundo com o qual se comunica cada vez menos.

Se, embora continuando a utilizar a máquina no desempenho das maiores tarefas da reprodução, pudermos organizar nosso ambiente feito pelo homem em colaboração com a natureza como uma maciça obra de arte na escala em que devemos lidar com ela e, ao mesmo tempo, oferecer os lenitivos da arte a estreito alcance, estaremos talvez palmilhando a linha da continuação bem sucedida. Mas para isto devemos operar uma mudança em nosso coração não muito diversa da volta à humildade perante os fatos da vida que São Francisco poderia ter exigido de seus seguidores: uma volta ao estudo dos motivos subjacentes às principais atividades da vida moderna.

6. ADAMS, Henry. *The Education of Henry Adams*. Constable.

2. EUPALINOS: O ARQUITETO CONSCIENTE

Voltemos à citação do *Eupalinos* de Valéry no início do último capítulo, e detenhamo-nos por um momento na rica e vívida imagem da natureza em seu incessante ato de continuação. "Ela nunca segue um trajeto direto independentemente dos obstáculos, mas se compromete com eles, mistura-os a seu movimento, contorna-os ou faz uso deles ... como se fossem todos da mesma substância".

Em contrapartida, o arquiteto ao aproximar-se da natureza deve proceder por atos de vontade, deve refletir antes de impor sua vontade ao material que usa para construir; e, no entanto, tão certo quanto deve viver e morrer, é preciso que se prenda a leis e princípios que regem o mundo natural.

O construtor inconsciente ou intuitivo, a quem denominei o Arquiteto Instintivo submerso no anonimato, aparece agora como um agente indiscernível do processo natural, interpondo apenas uma frágil vontade, de tal modo é ele diretamente guiado pelo padrão de acontecimentos em que se situa. Contudo, as circunstâncias com que hoje se defronta um arquiteto colocam entre ele e o mundo natural um sistema essencialmente baseado em concepções de abstratas perfectibilidades mecânicas que prosperam num meio do qual foram removidas as considerações humanas.

Encontramo-nos de fato pressionados a fornecer uma explicação mecânica para a arquitetura, se tal fosse possível, e a proteger nosso juízo e convicção artísticos ao longo de uma fronteira vacilante de arte-ciência, intensamente carregada de estatísticas, de gráficos, e de um dúbio sabor moral, pois "a técnica da ciência, assim como a da indústria, tornou-se um objeto em si mesmo; a primeira oculta seu objeto, que é a natureza, enquanto a outra frustra o seu propósito, que é a felicidade"[1].

O processo da arquitetura é porém o oposto à prática da ciência, e seus respectivos métodos são antagônicos. A arquitetura é do começo ao fim uma arte abrangedora e alia-se à ciência apenas nos níveis mais elevados da ciência, onde, na opinião de seus oficiantes mais otimistas, encontra-se no limiar do ato criativo. Acho que não seria presunçoso apontar para a enorme dificuldade em que se encontra a ciência quando depara com a idéia de abrangimento, e tampouco afirmar, em contraste, que esta idéia é o método de trabalho da criação artística. Deve-se admitir uma diferença de atitude para com o material em que se empregam as suas disciplinas, mas apesar disso nosso

1. SANTAYANA, George. "Revolution in Science". *Five Essays.* Cambridge University Press, 1933.

problema se liga mais aos efeitos da atitude científica incorporada a seu fruto, o industrialismo.

Desde que o processo da criação arquitetônica se encontra no âmago de meu argumento, deve ser descrito em detalhe. Sua fonte principal é a intuição que Santayana descreve como "uma atividade amplamente fundamentada; envolve órgãos complexos e soma e sintetiza impressões acumuladas" [2]. Lembra um computador. Em alguns pontos seria quase um alívio que assim fosse. Porém, decidida e finalmente, não é.

Compreende três estágios: um longo período de preparação e dedicação que apenas amadurece por instância do projeto; um momento, poder-se-ia dizer, de intuição criativa; e um outro longo período de correção e adaptação à idéia formada.

Desses estágios o primeiro é o mais longo e o menos entendido. Poderia incluir a vida inteira de um arquiteto que é puncionada de tempos em tempos em busca de qualquer coisa que vá produzir um projeto, embora a própria vida ao todo seja mais importante do que os momentos em que é puncionada.

Então também não é apenas a extensão ou a atividade da vida que está em questão, mas sua qualidade para os objetivos específicos de criatividade arquitetônica: é para isto que tal vida irá render em termos de sensibilidade e imaginação nos momentos solicitados.

Obras de arte — de arquitetura, de drama, de escultura, não importa de que — são valorizadas por nós porque nos explicam o sentido da vida ao definir a forma em que melhor ela há de continuar. Precisam, portanto, conter, com tudo o mais de que se compõem, algum elemento perene que as projete para o futuro.

Não devemos considerar esse elemento como eterno. É desnecessário discorrer sobre verdades eternas difíceis demais de compreender, mas podemos reconhecer dois princípios envolvidos: um de mudança e outro de conservação, de permanência ou duração

2. "The Prestige of the Infinite". *Ibidem.*

O princípio do crescimento deve realizar-se na forma, e a continuidade do crescimento é portanto interrompida para produzir formas que são preservadas por períodos que se distinguem conforme as circunstâncias em que acontecem; algumas se mantêm por tanto tempo que dão a ilusão de permanência; em outros períodos, como o atual, ocorrem com uma rapidez que beira o caótico.

Uma forma bem sucedida seria aquela que abrange o maior número de elementos de utilidade duradoura nas circunstâncias ambientais. A arte está muito preocupada com o que perdura. Segue-se daí que arte nenhuma pode ser restrita ao particular, porque o que perdura nunca é o particular mas algo mais geral que apenas reflete o particular.

Como arquitetos, nossa preocupação encontra-se limitada por aquilo com que lidamos. Ninguém espera aprender de nossos prédios alguma coisa sobre a paixão humana, e neles não há lugar para Otelo e Hamlet. No entanto, seria uma ilusão considerá-los como algo diferente. A vida se expressa de vários modos e Hamlet não teria qualquer significado para nós agora, se não estivesse incorporado a uma obra de arte, a peça de teatro; e a seqüência de tal peça, o caráter de sua linguagem ligado ao fim em vista, a sincronização de suas cenas, o ritmo da ação, culminando na tragédia final, formam uma estrutura a ser considerada como uma unidade em si mesma, quase independente de seu sentido: como um tipo de edifício, com fundações, pináculos, e um vasto salão ressoante.

Nós lidamos com o drama mais moroso do peso e volume — e de modo algum é ele menos importante do que aquilo que Shakespeare tinha em mãos — a tração para baixo que a terra exerce, de onde, como seres humanos, extraímos nosso sentido de equilíbrio; o espaço, que envolve nosso relacionamento com as superfícies e massas; a forma, revelada pela luz e sombra e crivada pelo caráter da textura; contraste e variedade; tempo; e ritmo, o mistério final a emergir do centro animal do nosso ser, cuja compreensão e controle é a mais nobre função de nossa arte. Há também, como irei salientar adiante, um conjunto de sentimentos evocados pela forma variando da beira do terror até à constrição e seu oposto, à descontração, à calma e tranqüilidade.

Este drama de terrenidade, da luta, o debater-se de coisas envolvidas no destino humano, tem como garantia o serviço de uma ou outra atividade humana, do qual a arquitetura é um invólucro que sobrevive a seu propósito imediato. As atividades modificam-se com o tempo, brotando aqui e desvanecendo-se ali, resistindo à mudança conforme o significado da carcaça arquitetônica que formaram à sua volta no período de sua maior atividade.

Há conseqüentemente dois aspectos a considerar; o que trata daquilo que denominamos, por falta de uma palavra melhor, coisas inanimadas (embora o que buscamos nestas coisas seja a vida, e elas não são portanto inanimadas nem isoladas, mas implicadas); o outro que consiste na comunidade do homem em suas diversas atividades.

Tudo aquilo que delas for representado num edifício qualquer, exceto tudo aquilo que tal edifício possa significar para os objetivos humanos ou divinos, deve brotar do cérebro, coração e entranhas de um indivíduo. Esta é a realidade indiscutível. Um grupo é a soma de suas capacidades individuais? Ou é seu denominador comum? A sociedade é a destilação suprema de tudo o que de melhor há nela, aplicado a todos os seus atos? Ou é a mesquinha média de suas intenções salva pela grandeza de seus indivíduos? Nisso reside o dilema dos historiadores que, não obstante, continuam a escrever sobre indivíduos porque a história da humanidade está escrita nos mais notáveis dentre eles. No entanto se for preferível reduzir a escala da contribuição individual, pode-se então ver as figuras individualizadas pela história como sendo veículos acidentais que convidam, contêm e concedem forma reconhecível à cega pressão do crescimento natural e social.

Agora podemos conceber esse indivíduo como o arquiteto dedicado, e primeiro tenho que imaginá-lo como uma pessoa sensível, desde que a sensibilidade é a chave da compreensão, como mais tarde irá dominar o projeto; vejo tal sensibilidade, a intensidade emocional com que experimenta a vida, determinada ou exposta em três direções; em direção à atividade humana acentuando sua organização; em direção à natureza em seu sentido mais amplo, e incluindo suas manifestações na arte; e voltada para dentro do funcionamento de sua própria natureza, o instrumento através do qual deve passar toda experiência.

O relacionamento desse arquiteto com a sociedade tanto é de um agente como de um mentor. Como agente obedece, tão rigorosamente quanto lhe permite sua habilidade, às instruções relativas ao arranjo prático do espaço e à disposição de objetos úteis, e é julgado por seu êxito nessas matérias práticas e por seu dispêndio do dinheiro envolvido.

Esse aspecto de seu trabalho prende-se à vida cotidiana com uma proximidade que não se encontra em nenhuma outra parte. Pertence ao mercado, à oficina, à família; é tirado do próprio âmago da atividade humana. Cada vez que um problema arquitetônico é proposto torna-se necessário descrever em detalhe uma atividade humana. Tal atividade porém pode ser descrita de diversos pontos de vista, e se o trabalho prosseguir deve haver um relativo acordo entre o arquiteto e seu cliente quanto à interpretação da descrição, isto é, será melhor se o arquiteto pertencer ao grupo para quem trabalha.

Pode acontecer, entretanto, e foi o que se deu constantemente em minha própria história, que exista da parte de um cliente uma genuína falta de entendimento dos problemas, devido à incapacidade de ler as plantas, de imaginar o espaço antes que esse seja criado, ou de ver a ligação entre causa e efeito em arquitetura.

Há também um impulso instintivo de não mudar um ambiente já estabelecido que, num país de instituições fixas como a Inglaterra ou a França, constitui uma barreira a qualquer interpretação para a qual não haja precedente e conduz a transigências que esgotam a energia de que depende uma obra de arte.

Da mesma natureza — protetora ou defensiva — é o instinto de maria-vai-com-as-outras, de manter-se equiparado ao vizinho, e de não ser posto para trás na luta pela existência. Este último é mais fácil de enfrentar porque implica o espírito competitivo; sempre há uma probabilidade de haver alguém melhor do que o vizinho, e, como atitude, não é destituída de energia.

Está claro, porém, que, no próprio início do processo criativo e nesse rotineiro estabelecimento de um programa sobre o qual se baseia qualquer problema arquitetônico, existe um elemento de seleção, avaliação e interpretação imaginativa por parte do arquiteto que o arrasta para dentro de sua própria atmosfera criativa, na qual ele já deve operar como agente e ao mesmo tempo como crítico dos termos de sua ação.

Muitos arquitetos duvidam de sua capacidade para essa função de crítico. Muitas vezes fui interrogado sobre o que faria se as exigências de um cliente fossem contrárias às minhas opiniões sobre a arquitetura. Tais indagadores não deveriam ser arquitetos; suas dúvidas são dignas apenas de meros comerciantes.

Entretanto, esse poder de interpretar é uma medida da intensidade com que um arquiteto experimenta a vida, e não apenas aquela parte da experiência considerada pertinente à arquitetura. Quanto mais profunda a afinidade, quanto mais delicado o aparelhamento pelo qual recebe todo tipo de impressões, tanto melhor há de ser a interpretação que fará.

Quando John Vanbrugh chegou afinal à grande tarefa de sua vida que era produzir um ambiente arquitetônico adequado ao liberalismo *whig* inglês, quanta riqueza de experiência já tinha acumulada, e quão claramente viu e sentiu a essência de seu problema. "Dignidade, beleza e conveniência", declarou ser a base criativa de seu trabalho e seus clientes concordaram prontamente.

Há porém circunstâncias, as mais felizes possíveis para sua arte, em que o arquiteto é influenciado pela sociedade. Não mais um observador, não mais interpretando por suas próprias luzes o que lhe parece suas instruções, torna-se absorvido na sociedade pelas emoções que compartilha inteiramente com ela, de modo que cada ato criativo dele é reforçado por uma maré de sentimento que arrasta consigo todo mundo.

A Catedral de Chartres foi construída em tais circunstâncias. Como observa Henry Adams, o Abade Haimon de Saint-Pierre-Sur-Dives, ao escrever em 1145 aos monges da Abadia de Tutbury na Inglaterra, fala do espírito que foi embutido na catedral com a pedra.

Quem jamais viu! — Quem alguma vez ouviu contar, em tempos idos, que poderosos príncipes do mundo, homens criados na pompa e na riqueza, nobres, homens e mulheres, inclinassem suas cabeças altivas e arrogantes aos arreios de carroças e, como burros de carga, arrastassem esses carros até a abadia de Cristo, carregados de vinhos, cereais, óleo, pedra, madeira e tudo que é indispensável às necessidades da vida, ou para a construção de uma igreja? Mas ainda há algo mais de admirável para observar, enquanto eles puxam essas cargas; é que muitas vezes, quando mil pessoas ou mais estão presas às carroças — tão grande é a dificuldade — ainda assim não se ouve qualquer murmúrio tal o silêncio em que caminham, e se de fato isto não fosse visto com os próprios olhos, poder-se-ia acreditar que não houvesse uma só pessoa em meio a essa multidão. Quando fazem uma pausa no caminho, ouve-se apenas a confissão dos pecados e a prece a Deus pura e suplicante para a obtenção do perdão. À voz dos padres que exortam seus espíritos à paz, esquecem todo ódio, afastam a discórdia, perdoam as ofensas, dívidas são remidas e se estabelece a união de corações.

Henry Adams prossegue:

Durante todo esse trabalho a Virgem, naturalmente, presidia realmente e todo o tempo, ajudando-os na obra, mas não se conseguiria qualquer esclarecimento sobre a arquitetura ouvindo-se um relato de seus milagres, que tampouco aumentam o efeito da fé popular. Os homens não ficariam inspirados sem a convicção de sua presença pessoal; somente que, para nós, é mais a inspiração da arte que evidencia a presença da Virgem, e podemos verificar tal convicção melhor na obra do que nas palavras. Cada dia, enquanto a obra prosseguia, a Virgem estava presente, dirigindo os arquitetos, e é tal direção que iremos estudar, se é que agora lograste uma compreensão viva do que se pretende. Sem essa compreensão, a igreja [3] está morta [4].

A construção de Chartres nos oferece um exemplo da identificação quase completa do arquiteto com o grupo a que serve, e, quando tal grupo se dedica a um ideal elevado, resulta na mais pura arquitetura.

Existe hoje em dia um tipo de relacionamento que envolve um amplo grupo, tal como os ocupantes de moradias construídas por uma municipalidade, com outro grupo que o serve, os departamentos arquitetônicos das respectivas autoridades. Ora, o primeiro, devido a seu tamanho e anonimato, não tem representação ou comunicação direta com o último, salvo e ocasionalmente depois das ocorrências. O último, devido a seu resultante isolamento, precisa compensar essa falta de intimidade, primeiro através da consulta de um corpo de precedentes, sob constante revisão à luz de nova experiência, que tanto diz respeito aos grandes princípios e detalhes da acomodação como aos meios de atingi-los; segundo, pelo uso da própria imaginação.

Não se poderia pensar que um arranjo tão rarefeito funcionasse; todavia, segundo minha experiência

---

3. A catedral de Chartres.

4. ADAMS, Henry. *Mont Saint-Michel and Chartres*. Constable.

no Conselho de Londres e agora da Grande Londres, as operações são efetuadas com entusiasmo e humanidade, sendo que o tamanho é, até certo ponto, medida de sucesso.

Não é preciso procurar longe a explicação; ela brota da revolução na sensibilidade que data a partir de Ruskin e Morris, florescendo sob Ebenezer Howard, Raymond Unwin e seus companheiros no movimento da idealista cidade-jardim, recebendo nova concessão de vida no moderno movimento dos anos trinta na Inglaterra. Isto dá, a essa função exclusivamente municipal, não importa onde atue, sua fé emocional e seu conjunto de princípios humanos. Esta fé teria definhado normal e formalmente dentro do corpo do governo local constituído, não tivesse a metodologia criativa dos arquitetos sido incorporada aos departamentos do governo com a liberação das faculdades imaginativas envolvidas, de modo que moços e moças pudessem entrar no serviço sabendo que seus talentos seriam apreciados e que seguiriam todo o ciclo criativo desde a origem até a conclusão de seus trabalhos.

Provavelmente não há outro país em que isto seja tão verdadeiro, e recordo ter insistido nesse ponto antes de encetarmos nosso trabalho em Chandigarh, sabendo que os códigos repressivos de conduta estabelecidos pelos britânicos na Índia não dariam a nenhum engenheiro um crédito além daquilo que nele pudessem ver, e nem em qualquer arquiteto.

Como resultado desta atitude marcadamente liberal do governo local britânico, agindo sob influência de Ruskin, o problema de moradia nesse país tem sido tratado de maneira mais humana mais sensível do que em qualquer outro lugar. Agora, porém, corre certo risco devido às pressões da economia política e dos grandes negócios na construção industrializada, para quem pouco significa o *background* propriamente idealista da construção de habitação.

No começo do século, quando a arquitetura moderna estava elaborando a sua salvação, eu pertencia ao grupo de arquitetos dedicados ao desenvolvimento de uma arquitetura para uma nova sociedade, que encontrava seus clientes em um outro grupo igualmente dedicado a uma nova concepção de vida nas cidades. Observei estes dois grupos fertilizando-se mutuamente com suas idéias e entusiasmo, a ponto de ficar difícil de dizer de que lado teriam surgido novas idéias. Ainda estamos muito distantes do estado de espírito que construiu Chartres, mas um aspecto de nossa vida tende para essa direção.

A arquitetura moderna jamais poderia ter sido divorciada de sua moralidade social. Ao buscar seu rumo para uma expressão válida, teve por força que analisar as circunstâncias em que tinha de operar, e ao fazê-lo tomou contato com toda uma outra corrente de indagação: com a sociologia, antropologia, higiene, medicina e assim por diante. Uniu suas forças aos movimentos que já possuíam histórico considerável de ação reformadora, e por esta razão foi capaz de adotar uma atitude clara frente ao planejamento habitacional e urbano, humanística mas dando ênfase ao valor terapêutico da luz, ar e vegetação.

O primeiro bloco de apartamentos de classe operária que fiz junto com a falecida Elizabeth Denby foi o resultado dessa fusão de interesse, fundindo idéias de vida e de arquitetura urbanas que beneficiou a ambos.

A arquitetura é, ou deveria ser, o ambiente da sociedade, e é inevitável que a pesquisa para uma arquitetura válida deva preocupar-se com toda organização da vida, especialmente da vida nas cidades; desse modo a arquitetura, depois de ser como era, e ainda o é, em grande parte uma decoração na vida, torna-se uma força moral. Não pode aceitar um ambiente onde suas virtudes de coerência e racionalidade estão extintas, mas deve promover suas idéias a respeito do que constitui um plano de vida coerente nas circunstâncias que emergem de sua época. Portanto, não é nada se não for social no mais alto grau.

Segue-se a tudo isso que o arquiteto, sem necessariamente adotar o papel distintivo de médico ou padre, age ou deveria agir de modo similar, pois, se ao servir as necessidades sociais em matéria de construção tende para o homem de negócios, seu próprio serviço depende de experiências nada mundanas: um olho voltado para os esgotos e o outro para os céus! À medida que os problemas humanos se tornam mais artificiais e complexos, e os meios para resolvê-los passam a depender cada vez mais dos produtos da indústria, o seu contato com a natureza, tanto ao experimentá-la no mundo exterior como ao reconhecê-la em si mesmo, pode fornecer o principal elemento em sua obra capaz de provocar simpatia.

No primeiro caso é uma atitude que o coloca numa relação adequada a seu meio. A beleza de uma paisagem que lhe é familiar constantemente lhe escapa à medida que uma impressão profunda sucede a outra. Num momento é a sombra sob os pesados troncos de carvalho transfigurada pela luz refletida pela grama, ainda úmida da chuva de verão, noutro momento é a imensidão de um céu de noite de inverno, por sobre a terra escura, nua e silente.

Ele sabe que tais momentos receptivos figuram entre as mais elevadas experiências de sua vida e que não pode esperar reproduzir mais do que um décimo do que representam para ele; no entanto, como arquiteto, ele se preocupa com impressões dessa mesma ordem; com forma e textura, a incidência de luz, com os véus do espaço e com o volume e peso das próprias estruturas que ele precisa criar, e não há maneira mais segura que possa abrir caminho através dos materiais artificiais da construção até os processos vitais da natureza, de onde procedem essencialmente.

Além disso, no pormenor da natureza, captado com amor, ele vai encontrar sugerida toda forma de estrutura, pois de nenhum outro modo poderia o engenheiro Luigi Nervi ter sido levado a suas estruturas tão originais. O valor dessas pareceria residir em sua origem na própria natureza, assim como as tentativas de Cézanne, repetidas durante toda uma vida de pintura, para interpretar com autenticidade a estrutura da região à volta do Mont Sainte-Victoire — sua estrutura revelada pela cor, textura e luz — confirmam sua originalidade como pintor. Quando nos voltamos para a arte, é um substituto da natureza e ela irá nos contar — mas com que prazer, mas com que acréscimo de emoção humana — o que descobrimos por nós mesmos agora descobriremos pela visão do pintor, e que depois jamais esqueceremos. Está sempre ali para ser redescoberta, e cada nova geração de pintores e arquitetos se lhe apresenta com novos problemas a serem solucionados, em novas circunstâncias; e a arte oferecerá seus segredos àqueles que vêem com humildade.

Frank Lloyd Wright escreveu extensamente sobre o que chamou "Arquitetura Orgânica", e aproximou-se profundamente da forma natural. Acredito mesmo que sua obra irá compensar um estudo desse aspecto de sua originalidade como arquitetura em isolado. No entanto, o fato de ter ido tão diretamente à forma orgânica não constitui necessariamente uma virtude capital, e poderia ser um defeito. O fato de toda forma ser interpenetrada pela natureza, de todas as estruturas, por mais artificialmente que sejam concebidas se adaptarem de um modo ou de outro à lei natural, não deixa um lugar à parte para a arquitetura orgânica separada.

As formas da natureza constituem as partes de um processo de crescimento de uma coisa a outra, a própria forma quase sempre impura quando se mistura e usa seu meio. Assim, o Edifício da Seagram de Mies van der Rohe pode representar uma aproximação muito mais estreita da forma orgânica na selva do crescimento nova-iorquino. Sua estrutura pode ser impura, pode afigurar-se como campeã de uma idéia tecnocrática que não é facilmente associada à natureza, e, todavia, situada no seu tempo e lugar como um item do processo tecnocrático, talvez esteja mais próxima da ordem natural das coisas do que a configuração por demais sugestiva do Museu Guggenheim na avenida ao lado. Se o estiver então seria devido à maior intensidade da apreensão da natureza e das disciplinas da arte por parte de seu arquiteto.

Eu não subestimaria as dificuldades para preservar essa ligação no contemporâneo mundo das técnicas.

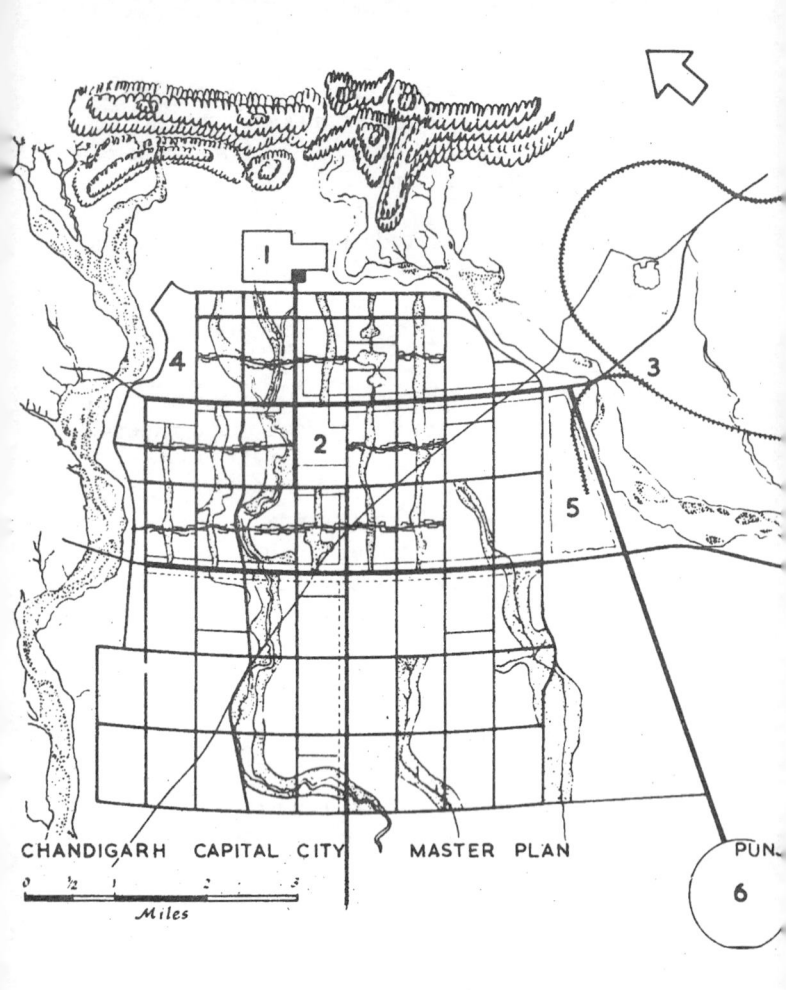

CHANDIGARH CAPITAL CITY MASTER PLAN

0 ½ 1 2 3
Miles

9. Plano da cidade de Chandıgarh, capital do Punjab, Paquistão, limitada lateralmente por seus leitos fluviais e a nordeste por suas baixas colinas. A ferrovia (3) e um leito fluvial no centro, que atualmente é um parque, marcam as coordenadas principais do zoneamento, com o Capitólio na região superior (1) e o centro da cidade no cruzamento. A leste do Capitólio, o leito do rio foi transformado num lago.

10. Corte Suprema, Chandigarh, por Le Corbusier. Um edifício repousando à sombra de um guarda-sol, seu telhado.

UNIVERSITY COLLEGE IBADAN. NIGER

THE OFFICE OF MAXWELL FRY, JANE DREW AND PARTNERS.   SCALE 100 FEET TO

11. Esboço das áreas centrais da Universidade de Ibadan, Nigéria Ocidental, mostrando a orientação única da maioria das construções, num padrão fixo de função conjugada. As construções subseqüentes consolidaram o *campus*.

12. Antiga fotografia do Mellanby College, Universidade de Ibadan, mostrando parte de um bloco de alojamentos para estudantes (com orientação leste-oeste) destacado por níveis descendentes e encoberto pelo refeitório (com orientação norte-sul).

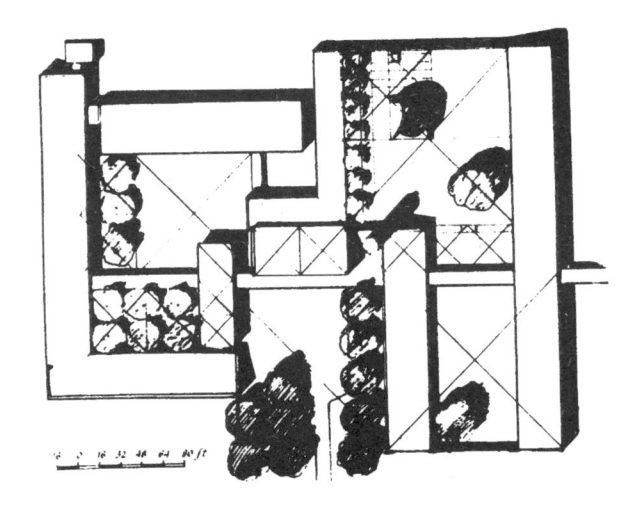

13. Estudo da Escola de Treinamento de Professores Wudil, Nigéria do Norte, mostrando a estruturação do projeto em quadrados múltiplos.

14. Vista da Escola de Treinamento de Professores Wudil, Nigéria do Norte, do pátio de entrada.

Mies van der Rohe comenta não ser brincadeira a tarefa de tornar sua arquitetura significante, mas não concede às técnicas um lugar acima do que merecem, considerando-as provavelmente um material inevitável do crescimento que deve ser usado com imparcialidade e absorvido na arte.

A construção moderna baseia-se na tecnocracia. Sua função e forma são ditadas pelo que a ciência tem produzido para solucionar os problemas da vida urbana em altas concentrações, e somos seus beneficiários. Entretanto, nossos fins não são tecnocráticos, não buscamos uma vida tecnocrática mas apenas a própria vida.

Desse modo pareceria descabido discorrer sobre a complexidade da técnica em primeiro plano da criação arquitetônica. De fato é tão complexa e difusa que requer a interpretação de especialistas em seus vários campos. Provoca um mar de matéria impressa e oferece uma escolha constantemente mutável. Além disso, encontra-se entrelaçada a todo tipo de emoções particulares, muitas de baixo nível, e está sujeita às pulsações da moda e ao instinto de rebanho.

No entanto, nunca é mais complexa do que pode ser uma obra de arquitetura. Não importa quantos sistemas de aquecimento existam, apenas um pode ser escolhido para um edifício qualquer. Apenas um de cada tipo pode ser escolhido de qualquer multiplicidade de escolha oferecida que se possa imaginar; e esta escolha é ditada não apenas com bases técnicas e na economia, mas por idéias dominantes relativas à vida e à arte.

Passemos portanto a considerar o aspecto interno da apreensão do arquiteto, sua reação à mais próxima e direta manifestação da natureza dentro de sua experiência — ele próprio.

Rémy de Gourmont enfatizou a composição instintiva da psique humana e a compulsão de reproduzir, de continuar a vida, que cavalgam qualquer outra atividade até as raias do intelectualismo. Duas coisas parecem claras: uma que pode ser reconhecida como a única força motriz da vida e da arte, e que até mesmo uma atividade tão intelectual como a arquitetura deva ser penetrada por instintos e emoções animais, que seria tolice desaprovar; outra, que seria prudente considerar toda arte como um processo de transformação que se realiza na sucessão de formas de duração variável.

Assim um artista é servido não tanto pela introspecção quanto por uma necessidade de proteger seus instintos contra a contaminação pela sociedade. Em alguma parte de seus *Diários,* Delacroix diz que um artista deveria estar habilitado a freqüentar o melhor dos salões mas jamais deveria freqüentá-los, como ele infelizmente estava habituado a fazer!

O arquiteto de cabelo longo e cônscio de si mesmo estaria portanto tão longe de um cunho criativo quanto o animado executivo de paletó preto e calças listradas, ambos desviando energia para edificar uma atitude diante do mundo que compreenda alguma colaboração com este, e perdendo por isso algo da tranqüilidade interior e simplicidade de aparência. No decorrer dos séculos a forma arquitetônica criou seus símbolos de identidade e tornou-se intelectualizada, e como a erudição codificou os símbolos e a história os santificou, assumiram uma vida própria a que nos referimos como arquitetura, e que no processo parece ter se tornado exterior a nós, algo a ser contemplado fria e cerebralmente como passível de manipulação para este ou aquele fim e em especial como a base da análise crítica. No entanto, quanto mais consideramos a arquitetura nestes termos mais nos afastamos de seu objetivo essencial, que é nos revelar o sentido da vida, fortificar nosso apego a ela, e celebrar, por meios abertos a isso, o drama do processo da vida, tal como haveremos de desenvolvê-lo de maneira mais completa no próximo capítulo.

Pode não haver qualquer meio de compor uma escala arquitetônica de reações emocionais, embora seja disso que trata a arquitetura, e é devido a isso que a arquitetura concebida intelectualmente não consegue nos comover profundamente e que muito do aparente talento no mundo não deixa produzir uma quantidade equivalente de sólida arquitetura.

E isto explica o milagre de Chartres, a força emocional profundamente comovedora daquela sociedade que nos fala pelas formas tão originais de sua arquitetura, escultura e vitrais.

A apresentação de uma simplicidade interna que torna possível tal criação nada tem da atitude "mais santo do que vós" perante a vida. Muito ao contrário; muito mais o normal do que o anormal. Porém, nem a atitude rígida de qualquer sociedade nem a formalidade prescrita tanto do intelectual como do homem de negócios alimentam o que forma o arquiteto dedicado; o essencial é não repelir o animal em nós, pois ele é sagrado. É assim tão simples. Apenas, o jeito do mundo nos leva a esquecê-lo.

Assim como parece não haver um modo de codificar as formas da arquitetura de acordo com sua reação emocional, também não há meios de evocá-la pela atuação da inteligência. Referimo-nos agora a estados mentais e condições de fluxo. Mas ainda estamos falando do processo de criação arquitetônica, salientando, acentuando e reafirmando o seu valor para a humanidade que se baseia na profundidade das reações que é capaz de provocar dependendo essas em larga medida de instintos primários.

Fiz alusão à base instintiva de grande parte da emoção que trazemos ao desempenho do processo arquitetônico.

Onde permanece novo e vigoroso, o projeto arquitetônico move-se infalivelmente em direção às formas que têm sua correspondência na natureza, numa acepção bem ampla, e a incidência da forma, o ritmo que faz as construções cantarem, chega como um pulsar vibrante, novo e original. Qualquer coisa que obstrua essa reação emocional diminui sua fluência, como por exemplo o aumento da erudição, subseqüente ao registro exato dos edifícios gregos pelos arquitetos Stuart e Revett, aniquilou a fluência da fantasia georgiana; do mesmo modo, em nossa própria época, a insistência na essência pura da pré-fabricação industrial destruiria as possibilidades de qualquer ritmo arquitetônico obrigatório. As variações sutis e a relativa impureza da construção de Mies van der Rohe reforçam a hipótese.

Falei longamente a respeito desse período de preparação para uma obra de arquitetura como sendo em essência a vida de um arquiteto dedicado e como ligado aos sentimentos que é capaz de nutrir para com o mundo e as pessoas à volta dele, inclusive ele próprio. São os sentimentos de alguém que espera criar edifícios e cidades, e que apenas em gênero diferem daqueles de alguém que espera escrever uma ópera, uma tragédia ou um poema. O valor particular desses sentimentos para nós repousa no fato de ligarem dois mundos que ficaram divorciados um do outro: o científico e industrial, e o mundo da arte.

Agora posso portanto passar a falar do próprio ato criativo, o segundo estágio que defini como um momento, poder-se-ia dizer, de intuição criativa.

Não seria rebuscado demais descrever o processo como uma espécie de apaixonar-se. Dito isto, vou descrever o que poderia acontecer depois que um arquiteto é incumbido de um trabalho especial, digamos, para a Universidade de Ibadan na Nigéria, já que teria de falar na realidade de minha própria pessoa quando tentar descrever o que acontece em tal estágio.

A avaliação precoce dos fatos de um encargo é um trabalho em grande parte, mas não inteiramente, da inteligência, já que desde o início os fatos se misturam a personalidades e tudo tem sua carga emocional. No entanto, muito do mero senso comum entra nos estágios iniciais da escolha da acomodação e ao decidir grosseiramente o que vai aonde. Uma universidade como a de Ibadan, com alojamento para o seu pessoal, é auto-suficente como uma cidade, e apóia-se na análise bem sucedida de uma massa de considerações concretas relativas ao acesso, circulação, drenagem, aspecto, fundações antes mesmo de envolver o arranjo da função da universidade. A pesquisa inicial visa a uma anatomia aceitável para as condições, a estrutura de um conjunto de funções que a análise em andamento está em vias de esclarecer.

Nesse extenso processo, a estrutura começa a surgir como uma série de alternativas confusas sem ter por ora qualquer personalidade definida. Mas as avenidas começam a fechar-se à medida que demandam compreensão, e tomam-se decisões não, note-se bem, como resposta direta à análise, que muito em breve deverá ter servido a seu propósito, mas a partir de um fundo crescente de sentimento que já está convertendo os fatos diretos do assunto na compreensão de uma idéia.

Nesse estágio preliminar do processo onde a inteligência criativa tateia em busca de uma solução, pode-se também perceber o surgimento da necessidade de sistematizar, de criar sistemas, gerais ou particulares, a partir de fatos desordenados. Essa faculdade de construir sistemas, por perceber sua existência em diversas disposições dos acontecimentos, é de fato básica para a mente criativa, a despeito da esfera onde ocorra.

Os sentimentos generalizados relativos à concepção inicial de Ibadan diziam respeito à idéia da comunidade e à consciência do clima e local, e tais sentimentos começaram a colorir o crescente número de decisões concernentes ao plano emergente e à textura de sua arquitetura. Não preciso me delongar sobre quão enganoso e irresoluto pode ser o corpo de uma universidade, ou quão parcial e desequilibrado é um programa de acomodação elaborado por aqueles que pretendem um conhecimento ilimitado nas esferas individuais de influência.

Ao lidar com dificuldades tão humanas e com uma constante resistência impassiva a novas idéias arquitetônicas, com a menos controvertida, mas necessariamente complexa classificação de fatos, à medida que uma consideração após outra fecha sucessivamente as vias de decisão, avizinhava-se o momento de reconhecimento, e como era semelhante ao que Stendhal, ao comentar o processo de apaixonar-se, denominou o momento de "cristalização", momento quando o que até aí era fatual na apresentação do objeto de afeição torna-se idealizado sob pressão de uma emoção em pleno ascenso.

Acho que aos estudantes falta a paciência de esperar por esse momento. Eles têm uma idéia, que geralmente é idéia de um outro, antes de ter tido tempo para assimilar as condições nas quais pode nascer uma idéia.

Há no entanto exemplos em que a idéia ali se encontra pronta para sua oportunidade de nascer, como foi o caso quando Le Corbusier, numa Casa de Repouso na estrada de Simla, na cidade de onde Chandigarh tirou seu nome, acompanhado de três de nós, mais testemunhando do que ajudando, criou o plano de Chandigarh em cerca de quatro dias de trabalho concentrado, mas substancialmente em menos tempo que isso (Fig. 9). Partindo de uma folha de papel em branco, e indo da ampla análise para a síntese seguindo um método de trabalho que foi sua contribuição aos CIAM [5], ele traçou as linhas principais da cidade das quais jamais nos desviamos. Para fazer isto, teve que assimilar rapidamente diversos conjuntos de condições importantes, um dos quais era que a cidade deveria ficar no plano sem qualquer tipo de estruturas dispendiosas, rigorosamente econômica. Outro referia-se à topografia do local com seus dois vales de rio seco limítrofes e outro intermediário, os sopés de montanha logo ao norte e os grandes Himalaias fechando a vista, a nordeste.

Ele tinha que assimilar tais fatores, mas o resto, o tipo de setor ou quadra de cidade apropriado ao plano, como poderia ser subdividido, como poderia fluir o tráfego de automóveis sem prejuízo ao bem-estar, o que deveria pertencer ao Estado, o que à cidade, onde deveria ser a cabeça da cidade, onde seu estômago, qual o tamanho de seus membros, como deveria ser fertilizada pela natureza — todas estas coisas ele ponderara em suas viagens pelo mundo e submetera-as à experiência de seus esquemas — tão poucos realizados — e misturara em seus pensamentos

5. Congrès Internationaux d'Architecture Moderne.

com a arte, poesia e vida que preencheram seu tempo de artista-arquiteto extremamente dedicado.

Por conseguinte, quando ele chegou ao "momento" desses poucos dias em que nasceu o plano, criou com animada certeza, e o que para muitos teria sido a vitória de uma luta renhida, tinha todo o aspecto de uma idéia liberada. Foi belo contemplar!

Outro exemplo: ele demorou um pouco para compreender o clima de Chandigarh com seu período de calor intenso em que a conquista da sombra era apenas o começo da meta do conforto. No entanto, reparou com os telhados do edifício do palácio mongol funcionavam como guarda-sol ante a vida exterior e daí concebeu a idéia de um edifício abrigado à sombra de um guarda-sol com o ar passando entre os dois, e de tal modo a idéia tomou conta dele — embora não pudesse falar muito a respeito na época — que se tornou a idéia dominante do edifício da Suprema Corte expressa com o extremo vigor de sua imaginação, já fortemente afetada pela arquitetura mongol (Fig. 10).

Retornando à Universidade, devo agora falar da cristalização da idéia arquitetônica; o chamado "momento" do ato criativo.

Aconteceu alguns meses depois da primeira vez que vimos o local, assimilamos o levantamento topográfico e nos empenhamos na luta com a correlação do programa das necessidades, com êxito apenas restrito. Havíamos decidido entre nós, e era uma decisão importante, que nosso núcleo de construção deveria ser muito concentrado a fim de evitar um movimento desnecessário sob sol e chuva tropicais; havíamos entendido a necessidade de orientar todos os edifícios residenciais numa única direção de modo a convidar a brisa constante a passar por eles, e pelo mesmo motivo criar uma espécie de arquitetura perfurada que preencheria essa condição. Conhecíamos as limitações do projeto de sistema de esgotos como também de abastecimento de água. Do necessário à construção, tínhamos pedra e pouco mais além disso, e sabíamos o quanto é preciso fiar-se no concreto como material de construção, e até onde, pelo menos de início, poderíamos confiar na capacidade dos empreiteiros disponíveis.

De fato, havíamos passado a fase analítica e estávamos detidos por questões de gosto e por um bloqueio geral de personalidades e sentimentos, talvez conseqüência de nosso total isolamento em meio a um empreendimento do qual tanta coisa permanecia obscura. Numa manhã, então, sob uma cobertura junto à piscina perto do bangalô do diretor da escola, impelido por não sei que impulso certeiro, comecei a projetar o primeiro colégio residencial como parte de todo um esquema que estava bem claro para mim e, trabalhando com muita intensidade até o dia seguinte, produzi um conjunto de desenhos nos quais todos os princípios mencionados, e uma grande parte dos sentimentos ainda não expressos, estavam exemplificados num amplo projeto que foi aceito de imediato no espírito de "por que você não fez isso antes ao invés de discutir tanto?" (Figs. 11 e 12).

A finalidade disto tudo é sugerir a variedade e o âmbito do que prende a atenção de um arquiteto no momento da criação. Cumpre observar particularmente em cada um dos exemplos dados que uma larga sinopse de realidade e sentimento — no caso do plano de Chandigarh ela é realmente muito larga — é apreendida, como Whitehead o formulou, "na coerência de uma única idéia" [6]. Aquilo que até aqui era separado e desconexo, aquilo que era frio e inanimado, fundiu-se sob a pressão de uma imaginação que opera sob tensão, mas que não trabalha necessariamente dentro de uma forma inteiramente nova que contém a essência de todas as suas partes anteriores, que as utilizou e se misturou a elas, fundindo-as e cunhando-as como uma moeda afiançável para o futuro.

A idéia que resulta do processo na forma de um artefato, um edifício ou o plano de uma cidade, não apenas é coerente (o que equivale dizer, uma unidade resolvida em suas partes) mas constitui um aspecto

6. WHITEHEAD, A. N. *Adventures of Ideas*. Cambridge University Press, 1933.

da "realidade" que deve seu êxito mais ao que conseguiu incluir do que ao que teve de excluir mesmo para começar a considerar seu problema. É um artefato recém-criado profundamente impregnado do meio em que foi composto; ou de outro modo, embora seja uma única e coerente obra de arte, espelha em seus vários aspectos uma vasta sinopse de resultantes tanto de lugar como de tempo.

Também deve ser notado que esse intenso período de criação pode ultrapassar os limites da direção consciente. Não é apenas o fato de que pintores e arquitetos possuam uma faculdade de recordar sob tensão algo de sua experiência que seja aplicável ao material à mão, mas antes, num dado momento do processo, entregam a direção do material a faculdades menos conscientes e a própria matéria predomina, sugerindo a ·natureza dos próximos passos. Não se trata tanto do fato de tudo estar fundido mas do fato de que a forma emergente daquilo que vai ser está sendo ditada ou concretizada por alguma necessidade interna do próprio material.

Assim Pasternak refere-se a esse processo, no clímax da triste estória quando Dr. Jivago [7] é capturado durante sua última sessão criativa na solitária casa em Varykino:

> Afinal sua atenção se dispersou, deixou-se enlevar e começou um novo poema.

> Após duas ou três estrofes que discorreram com facilidade provocando diversas imagens com que ele próprio se assombrara, seu trabalho apoderou-se dele e sentiu aproximar-se a chamada inspiração. Em tais momentos é como se a correlação das forças que regem a criação fosse invertida. A prioridade não é mais do artista ou do estado de espírito que tenta expressar, mas da linguagem, seu instrumento de expressão. A linguagem, lar e abrigo da beleza e do significado, principia ela mesma a pensar e a falar pelo homem e se transforma por completo em música, não por sua ressonância exterior

---

7. PASTERNAK, Boris. *Dr. Zhivago.* Collins and Harvill, 1957.

e sensível, mas graças à energia e impulso de seu movimento interior. Em seguida, como a corrente de um rio vigoroso polindo as pedras e virando moinhos pelo seu próprio movimento, o fluxo da palavra cria ao passar, impelido pelas próprias leis, rima e ritmo e outras formas e figuras incontáveis, ainda mais importantes e até então desconhecidas, inexploradas e sem nome.

Esta idéia, que se tornou um projeto, uma obra de arte em embrião, deve ser agora protegida apesar do longo período de preparo para sua execução. Se contiver tanto do que lhe interessa como idéia, quanto contêm as melhores pinturas de Nicolas Poussin[8] passará pela prova ilesa. Mais do que isso, logrará aprimorar-se, sendo adicionado caráter à gênese de sua personalidade.

Será admitido que minha descrição do processo criativo é uma generalização de cuja amplitude podem divergir arquitetos de sucesso. Falaram-me uma vez de um arquiteto cujo único método de trabalho era produzir pequenos e horríveis esboços, que eram desenvolvidos por assistentes e recompostos a esmo até que conseguissem chegar ao que ele queria e então não ficavam nada desprezíveis. Denys Ladson disse-me que "suava" arquitetura com seu sistema, querendo dizer que esta era para ele um árduo esforço. No entanto, eu o reconheço como um arquiteto dedicado, de modo que seu esforço talvez não seja bem como ele o·descreve.

O primeiro período foi configurado como aquele em que o arquiteto dedicado se torna cônscio das correntes da vida e se reanima continuamente na natureza ou no substituto da natureza, a arte. Este último período é um mergulho no mundo em que o arquiteto se encontra em sua tenda de trabalho com os assistentes à volta, centro de um grande vaivém de técnicos, especialistas, engenheiros e calculadores.

É o momento de enfatizar a natureza prática da arte da arquitetura, que a prende tão firmemente na

8. Alguém uma vez perguntou a Nicolas Poussin a que devia ele seu sucesso como pintor e ele replicou: "Nunca desprezei algo".

vida corrente. Não importam as idéias que tenha sobre o futuro e quão anticonservadora seja em essência, é forçada, no primeiro caso, a ser utilizável por aqueles que irão habitá-la de imediato, e, no segundo, a usar aquilo que estiver disponível de imediato para construí-la. Está irrefutavelmente arraigada no presente.

Quando começou o desenvolvimento de uma nova arquitetura na Inglaterra, nossas idéias, que eram avançadas para a opinião pública, tiveram que lutar não apenas com estatutos obsoletos e conselhos locais perplexos, mas com a ausência de determinados materiais e técnicas que as tornariam possíveis. Tivemos que inventar novas técnicas e usar de um novo modo os materiais, mas apenas podíamos fazê-lo com a cooperação da indústria de construção tal como se apresentava, e a indústria, respondendo por seus espíritos mais esclarecidos, gradualmente se adaptou para ir de encontro a um novo conjunto de demandas que a pressionavam.

Isto está inteiramente de acordo com o princípio do crescimento que mistura, usa, adapta e finalmente transforma o material de seu meio, e é o que faz da arquitetura um agente tão inevitável no processo da civilização.

A idéia lançada pelo período criativo na forma de um edifício deve ser confirmada na prática e construída de fato por este último período. Como verificamos, a idéia não foi concebida *in vacuo* mas veio rebocando nuvens de associações e assimilações extraídas da vida de seu criador. Estas agora devem submeter-se aos testes da sala de trabalho, onde passarão pelos rigores da praticabilidade e do custo e devem ainda, ao experimentá-los e até por causa dessa comprovação, transmitir a essência da própria idéia. Destarte, o período em questão é tanto uma colaboração com a indústria de construção quanto sua crítica; temos uma necessidade óbvia da indústria, mas apenas enquanto nos ajuda a aperfeiçoar uma idéia proveniente de um indivíduo.

Isto não faz do trabalho de grupo ou de equipe um contra-senso como em geral deveria ocorrer. Tais combinações são eficazes nos níveis secundários relativos a assuntos técnicos subservientes à idéia principal, e tendem a brotar onde houver um conjunto de idéias em uso aparentemente tão corriqueiro que novas idéias poderiam parecer quase tão destrutivas de sua utilidade. Por outro lado, o trabalho de equipe nada mais é do que uma nova expressão para a necessária combinação de interesses a partir da qual é criada uma obra de arquitetura, e na qual as contribuições, longe de serem iguais, são diversas, às vezes contraditórias, e carentes de serem harmonizadas por referência a uma idéia principal, que é necessariamente arquitetônica.

Todavia ainda temos que nos haver com o "monstro" da técnica em particular com a industrialização da própria arquitetura.

O argumento ou ameaça tão empregados habitualmente é que se os arquitetos continuarem a usar cabelos compridos, a indústria irá substituí-los e executar o próprio trabalho deles; a réplica é que se a indústria assim o fizer deverá assumir a mesma ordem de responsabilidade para com a sociedade que a arquitetura se propõe a assumir em relação à sociedade e, portanto, tornar-se uma arte, bem como os industriais, artistas. Não vejo objeção a isso. Entretanto, a qualidade do processo industrial repousa na reprodução, isto é, na cópia ilimitada de modelos de produção fixos, adequados ao processo industrial. Portanto, padece de inflexibilidade e tende a uma uniformidade de oferta e procura.

Suponho no entanto que esta qualidade fosse mudar, como decerto ocorrerá num dado momento; supondo que a indústria pudesse tornar-se flexível e encontrar a juntura adaptável que Rodney Thomas [9] anda em busca há tanto tempo; supondo que, ao invés da dispendiosa e elaborada instalação de máquinas para um novo modelo, pudesse oferecer uma infinda variedade em uma vasta área de produtos: metade de nosso trabalho terá então desaparecido e nos encontra-

9. Veja-se *Architectural Design*, Iago. 1955.

ríamos na mesma situação em que se encontrou Vanbrugh e outros arquitetos do século XVIII, isto é, com uma reserva de habilidade capaz de transmitir qualquer idéia arquitetônica que possa vir a surgir, com toda variação possível, e deixando as disciplinas completas da arte bem para trás, onde é o seu lugar.

Entretanto, este ainda não é o caso, como demonstra claramente o sistema da Escola de Hertfordshire. A luta entre a qualidade do sistema industrial de reproduzir modelos fixos, não importa sejam pequenos como um parafuso ou tão grandes quanto um painel inteiro de um edifício, e a virtude arquitetônica, que é criar unidades orgânicas, permanece sem solução apesar do talento e entusiasmo de um grupo de arquitetos. O sistema de revestimento de edifícios com "paredes-janelas" cabe inteiramente à indústria, com uma conseqüente perda para a arquitetura.

Quer a indústria consiga nos suprir com os meios de fazê-lo ou não, ainda somos forçados a criar uma arquitetura que satisfaça a alma, expressão esta que se prende aos mais elevados princípios da arte ou à mais erudita e esotérica teoria do bem viver, mas que se pode considerar, se se preferir, como a advertência para reproduzir, para continuar, feita por Gourmont, a qual melhor convém a meu ponto de vista, e nos permite levar a indústria convictamente conosco no evolver de novas formas por quaisquer meios a nós abertos agora e, mais problematicamente, no futuro.

Incorremos inevitavelmente num estranho casamento entre a teoria arquitetônica e a prática industrial ao introduzir o módulo nesse relato do processo da criação arquitetônica. O módulo acabou sendo associado à construção pré-fabricada, que é um desenvolvimento natural do sistema industrial. A idéia por trás do sistema modular, como ficou conhecida, é a manufatura ou pré-fabricação de partes fixas de edifícios que podem ser armadas para produzir arquitetura. Embora isto endosse o princípio da industrialização ao encorajar a produção em massa da mercadoria em peça, o módulo pode ser belo devido a uma qualidade inerente a ele.

Por parte da manufatura e construção a qualidade é claramente a da repetição e, por parte do arquiteto, a repetição de unidades similares é um elemento do projeto. Devemos, no entanto, ser claros quanto a nossas intenções. A razão do emprego de um módulo fixo é assegurar que as partes da construção, estrutura ou equipamento, irão ajustar-se aos tamanhos reconhecidos pela indústria como adaptáveis à manufatura repetitiva, já que esta é a única economia que a indústria entende. Há uma base matemática para o bom projeto que envolve a repetição de elementos similares, mas não se trata do mesmo módulo industrial a que nos referimos, pois existe um elemento matemático no belo, embora o belo não seja o produto direto da matemática. O resultado da fixação de módulos é limitar a articulação.

Ora, existe aí uma área de estética e especulação arquitetônicas, um emaranhado de teoria e misticismo ao qual é levado todo tipo de homem, do sofisticado ao ingênuo, pela luz que mana do Número de Ouro em busca de atalhos para a perfeição arquitetônica.

O Número de Ouro ou a Seção de Ouro é um fenômeno natural que pode ser expresso matematicamente como uma proporção de igualdade equilibrada entre duas grandezas $\dfrac{a}{b} = \dfrac{b}{a+b}$ ou $\dfrac{0,618}{1} = \dfrac{1}{1,618}$, ou como uma espiral tal como é encontrada em certas conchas ou uma série de retângulos em expansão. Trata-se de um fenômeno natural e pareceria ser uma expressão do princípio do crescimento que conecta a matemática e a arquitetura, de modo que poderia se afirmar, com Le Corbusier, que toda arte é baseada na matemática.

Esta série de números existe e há evidência ao apontar-se para uma exemplificação na forma natural. Foi calibrada no que ficou conhecido como a escala Fibroni, que nos dá a Seção de Ouro em proporções bidimensionais. Le Corbusier [10] foi além ao graduar essa escala à altura de um grande homem europeu para elaborar seu célebre *Modulor,* que é uma tentativa de prover um instrumento que garanta as harmonias estabelecidas pela Seção de Ouro em três dimensões. Ele esperou que esse constituísse não apenas um instrumento de projeto mas estabelecesse uma série harmoniosa de dimensões, útil à indústria no seu trabalho necessário de padronização e produção em massa.

Há entretanto uma distinção fatal entre a evidência matemática do Número de Ouro e os efeitos visuais que a arquitetura visa produzir. Esses efeitos não são apenas visuais mas estão sujeitos à interpretação emocional e mental feita habitualmente. A arquitetura encontra seu caminho até a mente através de nossos olhos, que são instrumentos tramados do modo mais curioso. Ao apreciar a arquitetura movem-se de um lado para o outro, de cima para baixo, desviam-se e concentram-se, tudo isso com uma atenção variável, sem matemática e ao mesmo tempo sem precisão. Devido a isto, somente a mais ampla mensuração poderia de algum modo registrar uma única fachada vista a partir do foco mais favorável do olho normal. Quando a arquitetura se complica em três dimensões o sucesso de qualquer sistema de regular proporções pela matemática exata retrocede, revelando a diferença essencial entre o raciocínio objetivo e a intuição subjetiva do projeto.

Novamente nos deparamos com a oposição prática da ciência e da arte em suas abordagens divergentes de um problema de criação. Mesmo assim, no entanto, a inferência do número aí está para nos intrigar e confundir. Aí está, e a esperança de homens puramente sensatos é de que possa ser isolada e constituída em tema de estudo científico a fim de que possamos, uma vez conhecida a base matemática da arte, apurar nossos sentidos utilizando esse conhecimento no momento ou no período exato de uma intuição de outro modo criativa.

10. LE CORBUSIER. *The Modulor.* Faber, 1954.

Há alguns anos atrás fiz um projeto para uma Escola de Treinamento de Professores em Wudil, no Norte da Nigéria, utilizando no planejamento uma série de quadrados relacionados, e faço menção disto porque a idéia de utilizar quadrados desse modo originou-se de um sentimento fecundo de que esse grupo de edifícios, situados no calor e poeira da planície, deveria ser um cercado à volta de uma nascente de água e voltado para o interior de seus pátios sombrios ao abrigo da aridez hostil, e que tal seria sua primeira ação instrutiva. Desse modo as idéias de cercado simbolizadas pelos quadrados tornaram-se uma obsessão no início do projeto e perseguiram-me durante o período de intuição.

Era uma intuição que poderia ser exteriorizada por meio de instrumentos de desenho comuns como uma régua "T" e um esquadro de 45° com o mínimo de interferência no progresso do projeto, e parecia uma qualidade desperta do estado emocional em que o projeto fora concebido (Fig. 13). Não sei se poderia ter conseguido algo mais complexo, mas estou certo de que essa interferência beneficiou o projeto.

Permaneço cético quanto à eficiência do *Modulor* de Le Corbusier como um instrumento que eu pessoalmente pudesse usar. Em suas mãos pode ser um carro para o paraíso, mas em outras pode ser um ônibus para um terminal poeirento. Tentei ler o livro *Modulor* e, embora me enchesse de admiração pelo que propunha fazer, não consegui acompanhá-lo. Muito menos acompanho um pedante como Ghyka, e nem mesmo alguém mais raciocinativo como Borissavlievitch [11] que, tão perspicaz ao salientar a diferença entre a matemática objetiva e o projeto subjetivo e a dificuldade decorrente do desenvolvimento de sistemas operantes de controle aritmético sobre a arquitetura, vai a ponto de elaborar Leis de Similaridade e Igualdade tão inaplicáveis quanto as teorias que demoliu.

Tal é o resultado: há formas e relações a que aspira o bom arquiteto e que muitas vezes atinge in-

11. Tiranti, Borissavlievitch. *Expositors of systems of mathematical proportions.* 1958.

tuitivamente no ímpeto e na febre da criação. Se pudessem ser atingidas num estado mais racional seriam tão belas, mas somente espíritos os mais excepcionais, e jamais todos eles, poderão ou permitirão a intervenção de um regulador no processo da criação tridimensional cuja força geradora é suprida em parte considerável pelo elemento animal. O belo é infinitamente variável e não há ciladas para captá-lo. Pode ser apreendido, e com essa finalidade a busca de boas proporções e os meios, mesmo os meios duvidosos para atingi-las, é a trilha verdadeira para o arquiteto dedicado.

Esse módulo que nos desviou de nosso assunto acaba sendo nada mais do que uma unidade de medida, uma peça da construção. Torna-se sem vida e enfadonho quando repetido, mas sem variedade não há ritmo. E o ritmo é vida, que justifica a pesquisa de Rodney Thomas sobre as possibilidades de liberdade de dimensão acerca da juntura vital entre módulos; de que maneira satisfazer realmente a dupla inconciliável, indústria e arte, como encontrar os meios de importar a irracional mas vitalizante variedade e contraste da arte para o sistema racional e objetivo da reprodução industrial.

Estou quase terminando de descrever esse período final da criação arquitetônica, com divergências nos campos relativos a sutilezas tanto de arte como de técnica.

Deve ser notado, pois muitas vezes passa despercebido, que, embora esteja totalmente dominada pela arte, esta oficina do arquiteto dirige um negócio que envolve a despesa de vultosas quantias em dinheiro, milhões de libras em materiais e estrutura encerrados numa construção, de modo que a cada minuto é decidido como melhor aproveitar o dinheiro. Suas diretivas são dadas na forma de centenas de desenhos que descem a detalhes apenas comparáveis à engenharia mecânica, dirigindo com precisão uma hierarquia de técnicos, por cujo valor de atividade o arquiteto é por lei diretamente responsável.

Seria melhor que se pudesse prescindir de tal precisão, mas ela constitui função da infinita divisão de trabalho de que depende o mundo tecnocrático, e sua existência faz de nós, arquitetos, tecnocratas, sem nos conceder qualquer crédito por isso. Entretanto, a técnica é de fato muito menos exigente do que a arte porque é menos abrangedora. O engenheiro que me diz que eu devo ter oito trocas de ar num determinado espaço pouco sabe a respeito da luta para preservar um interior humanizado, e deve ou ir embora com uma pulga atrás da orelha ou deve ampliar seus horizontes; e devido à falta desse contato humanizante com arquitetos, que possuem algum entendimento técnico, a engenharia estrutural desse país tornou-se mecânica e obtusa.

Esse processo da criação arquitetônica agora complementado, tão falho na descrição quanto é variado, pode ser tomado como exemplo do sistema intuitivo atuante no mundo que conhecemos.

Apresenta-se como um sistema muito imperfeito e, em grande parte devido a isso, é contrariado por um outro e mais poderoso sistema que parece dar resultados mais avaliáveis de imediato. Nosso maior interesse no entanto consiste agora nos efeitos sociais do industrialismo, e precisamos de um instrumento que torne fecundos os poderes da indústria. Sem isto, acabarão por nos destruir, mas se o conseguirmos poderemos fazer mais do que sobreviver: poderemos florescer.

3. A BASE EMOCIONAL DA ARQUITETURA

Embora exista em toda arte um componente racional e um irracional, o componente racional na arquitetura dá origem a uma tão vasta quantidade de negócios a ponto de muitas vezes obscurecer a natureza artística subjacente ao processo; e nunca isto foi mais evidente do que agora. Entretanto, calculado em termos da qualidade do que resulta do processo criativo da arquitetura, o racional é tolhido pelo irracional ou, falando mais positivamente, pelo seu aspecto emocional.

O intelecto evidentemente encontra-se envolvido na organização e esclarecimento de problemas que precedem o período criativo. O arquiteto precisa primeiro receber seu esquema e deve selecionar o meio de executá-lo com homens, materiais, estruturas, tempo e dinheiro; do mesmo modo como é preciso ao pintor dispor sua paleta e ao escultor avaliar seus materiais com olho de artesão.

Entretanto, mesmo neste período, longe de constituir um instrumento da razão impertubável, semelhante a um computador, o intelecto já está banhado por uma emoção que o desvia numa direção que não se baseia na razão ou na lógica, e colorido por sentimentos que surgem do conjunto de fatos sob sua revisão.

Nesse estágio o tema é fragmentado e caótico. É material sem medida, ordem ou direção, que se apresenta em toda forma e tamanho, intensidade e pressão. Pode receber uma ordem preliminar, que de fato é a súmula como a conhecemos; pode conter os materiais de um sistema; mas ambos súmula e sistema estão limitados por uma falta de conhecimento da gama de possibilidades a eles aberta. Existem, é claro, súmulas para edifícios como escolas, prédios de escritórios e outros no gênero, e que, repetindo-se com demandas semelhantes, aparecem em estado pré-digerido, instigando o arquiteto a uma repetição quase exata do que é conhecido e esperado, e invocando uma medida decrescente de resposta emocional; até que finalmente, como em tantos novos edifícios comerciais em Londres, o projeto degenera numa fórmula sem vida que provoca sentimentos de aversão e desespero ao invés de esperança e prazer que é o que pretendem criar.

Portanto, ao invés de insistir numa análise minuciosa, ou tentar uma dedução lógica de todos os fatos, cuja apresentação pudesse ser providenciada ou produzida, ou extrapolada, como se costuma dizer hoje em dia; ao invés de forçar a limites imprevisíveis uma dedução racional de tal ordem bastante acatada, o arquiteto precisa fazer o contrário, ou antes, precisa fazer tanto um quanto outro ao mesmo tempo, pois o que estou descrevendo não é uma função simples. Como disse Anton Ehrensweig [1]:

Toda obra de arte funciona como outra pessoa, tendo uma vida própria independente. Um desejo excessivo de controlá-la impede o desenvolvimento de uma vigilância passiva em relação à obra em progresso, que é necessária para um esquadrinhamento semiconsciente de sua estrutura ainda dispersa e fragmentada... O artista (arquiteto) deve ser capaz de tolerar esse estado fragmentado sem uma indevida ansiedade opressiva, e deve, a fim de integrar a estrutura total, aplicar seus poderes de esquadrinhamento inconscientes pelas inúmeras vigas inconscientes que ligam cada elemento da obra a outro elemento.

Este é então um período crítico no processo, porque o arquiteto, embora comprometido na solução de problemas práticos para as necessidades sociais, está ansioso por lutar com seu demônio criativo pela conquista de uma solução menos terrena. Se, no entanto, ele for atraído muito prematuramente ao campo, seu êxito estará em risco justamente por tal afastamento de fatos básicos sobre os quais sua solução deve se basear. Tais fatos são extraídos da corrente da vida, que, num estágio posterior, irão auxiliar e, se negligenciados ou por demais manipulados, a solução sofre devido a uma perda de veracidade, que constitui um dos componentes morais da arte.

A arquitetura, como toda a arte, é propositada, e não apenas em seu evidente aspecto prático mas no seu aspecto estético. Certa vez pediram a Alvar Aalto para projetar um *jardin inutile* em Paris. "Pode imaginar tal coisa?" — e ele replicou — "Pode-se imaginar alguma coisa inútil?"

Do ponto de vista estético, no entanto, a verdadeira utilidade da arquitetura não é de modo algum óbvia. Está fundamentalmente relacionada com a necessidade de nos estabelecermos como entidades intencionais em

1. EHRENSWEIG, Anton. *The Hidden Order of Art.* Weidenfeld and Nicolson, 1967.

desafio aos efeitos dissolventes do tempo, e ela visa a uma significância. Se fôssemos dizer que seu objetivo é nos prender à vida a fim de que achemos sentido na vida, e desejemos que ela continue, estaríamos perto do alvo. Poderia também significar que a arquitetura, como toda arte de qualidade, é essencialmente esperançosa e não poderia ser negativa ou realmente abstrata.

A continuidade da vida conduz naturalmente à dissolução. Dispersa-se em átomos que se precipitam interminavelmente; sua tendência normal é reverter a uma igualdade; em direção a um estado de caos não-identificado.

Em seu curso, entretanto, nos produziu, e nós, talvez também interminavelmente, buscamos encontrar sentido no caos e nos identificarmos com a idéia de um significado. Interrompemos tal fluxo de acontecimentos para criar, em estados vários do temporário ou do permanente, coloquem-no como queiram, as formas de sociedade que congregam idéias; e, a menos que elas devam desaparecer rápido demais, encerramo-las em escrínios de arte e na religião, poesia, escultura, pintura e arquitetura; em tudo o que possui, por maiores ou menores períodos de tempo, forma e significado.

A arquitetura é portanto uma forma que inclui uma atividade humana que a transcende ao servir a realidade que ocasionou tal atividade. Um aspecto de sua verdade reside na fidelidade com que serve a seus propósitos atuais; o outro jaz na intensidade com que o autor experimenta a vida e busca seu sentido.

Deste modo, todo edifício é único e antecipa o futuro, e o poder que exerce sobre nós reside em sua profunda ligação com uma série de emoções humanas que abrangem desde o animal até aquilo que os românticos chamaram "o sublime".

Eu costumava imaginar que a arquitetura pudesse ser explicada em termos do que se vê, o que de fato é hábito fazer, até que um dia tive que explicar a emoção excessiva, os protestos e apertos de mão que saudaram meus primeiros exemplos de arquitetura moderna neste país. Reparei que tal perturbação pouco tinha a ver com a arte mas se tratava de uma reação instintiva a uma mudança brusca no ambiente conhecido, e se o pároco de uma vila, onde estava para ser erguida minha casa de telhado plano, se sentisse ultrajado, assim também seu cachorro provavelmente ficaria, uma vez que a emoção era mais animal do que intelectual, podendo ser compartilhada por ambos e demonstrada de um modo muito semelhante.

Observe um animal inspecionando um novo conjunto de ambientes, o cachorro domesticado ou o gato menos domesticado. Com que cuidado verifica as coisas relativas à segurança, as entradas e saídas, os cantos escuros e enigmáticos, os objetos no espaço. Como seus sentidos estão alerta para estas coisas inanimadas; e como duplica a atenção, o pêlo eriçado, os dentes arreganhados, as garras expostas, por aquilo que se move e tem vida, pelo que é patentemente animal. Em seguida observem-no tranqüilizado enroscar-se no que passa por sono; no entanto, está pronto para a ação. Perguntem o quão fundamentalmente diferimos, o quanto jaz aparentemente adormecido, e o que foi disfarçado e transformado meticulosamente por nossa necessidade de criar, e no correr do tempo complicar além das medidas, uma estrutura de sociedade que nos deve parecer racional, como o único modo sensato e ordenado de conduzir nossas vidas.

A edificação de qualquer tipo de sociedade nos envolve em disfarce ou em submissão dos instintos animais que nos mandam questionar todos os estranhos, preparar nossas armas, preferir dar as costas para uma parede, e nos salvaguardar quando indefesos; e nisso temos recurso na arte que, na forma do épico e imagens, símbolos e rituais, cria mundos morais e éticos que nos ditam o que fazer, e que apóia os meios práticos de impô-la. Assim, a lei seria um código ineficaz de penas e penalidades, carecendo da sanção moral de uma moralidade emocionalizada encasulada na arte, e se a Bíblia fosse privada de sua poesia e reduzida a um relato racional dos fatos históricos acerca da conduta humana, ela perderia a força para atuar como o grande estabilizador que tem sido há tanto tempo.

Portanto, digo com nova ênfase que o componente emocional na arquitetura é maior que o racional. Ou ainda mais, que a arquitetura raramente vagueia longe de sua base animal, pelo que deveríamos ser gratos.

A arquitetura está relacionada com peso, volume, espaço, variedade, contraste e ritmo, que não julgaríamos capazes de despertar tais emoções, e no entanto ainda insisto que o emocional prepondera tanto no processo criativo como nas respostas que provoca, e que essas variam desde um sentimento de temor, dúvida ou perigo, até aquele de exaltação ou sublimidade.

Façamos uma excursão.

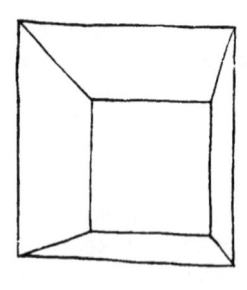

FIG. I — Desenhei o interior, três lados de um cubo, o qual completo a fim de mostrar sua construção, de modo a se tornar o tipo de dispositivo utilizado pelo pintor Francis Bacon para encerrar suas vítimas, embora eu apenas queira representar o aspecto interno de um pátio aberto.

FIG. II — É apenas uma abstração até que eu a situo no mundo que conhecemos e a doto de luz e sombra que imediatamente estabelece um rude contraste; coloco uma silhueta que lhe confere tamanho mas não uma escala real porque suas paredes são um vazio e poderia ser tão-somente uma prisão, de modo que ...

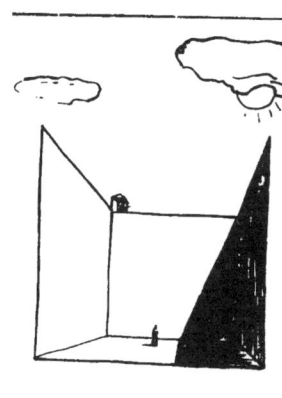

FIG. III — Se eu tivesse de adicionar uma frágil guarita no canto, a consciência européia ficaria agitada pelas memórias de medo e vergonha.

FIG. IV — Perfuremos a parede, ainda que de um modo insignificante e inconseqüente, e o medo se escoa para o que resta de perigo, ao passar por essa abertura baixa para o que quer que se encontre além da parede, mesmo que de fato nada mais seja do que uma outra prisão!

Fig. V — Entretanto, ao indicar o que se encontra além, na forma do que é familiar e agradável, resta então apenas o medo, já não tão grande, engendrado pela baixa abertura.

Fig. VI — E, finalmente, humanizo a face do cubo com os sinais superficiais de habitação, revelações de interiores que afastam o enigmático e oferecem segurança, e tem-se o pequeno espaço fechado de uma cidade italiana que faz vibrar o turista, não se sabe por que mistura de sensações deliciosas, embora se possa estar não menos seguro de que, quando se convidam pessoas para passar de um espaço restrito, através de uma abertura baixa, para um espaço mais amplo além daquele, elas deverão experimentar uma série de emoções que as despertam de seu torpor normal ao provocar seus instintos animais de auto-preservação.

Fig. VII — Examinemos um exemplo que se encontra à mão. Os Degraus do Duque de York formam uma peça notável de projeto urbano que sempre me interessou e comoveu. Partindo do ângulo levemente inclinado da Praça de Waterloo, a grande coluna parece estar apoiada à beira do nada — uma queda abrupta? um declive? degraus? Não há indicação: a situação parece enigmática, por mais tranqüilizante que a vista de Westminster possa ser. A segurança vem fluindo até o momento preciso, e sempre é um grande momento quando a grande extensão de degraus, uma perfeita Niágara de degraus, se abre abaixo, e somos *arrastados* numa descida. Descobrimos agora, creio, no uso combinado da contemplação dessa peça de projeto urbano, emoções que incluem elementos de perigo e insegurança misturados a certa submissão ao comando exercido pela majestosa simetria da disposição e, confesso, a um repentino momento de vertigem no topo da escada.

Fig. VIII — Inverta-se o processo e as emoções são quase todas agradáveis, já que tudo está revelado, ou quase tudo, porque o horizonte dos degraus divide a vista do que está patente de abaixo da linha e o que se encontra semivislumbrado acima, uma terra prometida que acaba sendo apenas o Athenaeum e o Clube dos Serviços Unidos, mas, para o visitante não-iniciado, é um reino de fadas. Esta divisão de níveis é, no entanto, um fato dramático que acontece de surpresa em nossa cidade.

Fɪɢ. IX — Um outro exemplo, tirado da paisagem surrealista, demonstra uma série de cubos não-identificados, postos sobre as linhas irradiantes e pontos de fuga da perspectiva de uma cena de horizonte distante sob um céu meio nublado cuja forma repete a forma dos cubos abaixo. Os cubos são isentos de qualquer expressão imanente e revelam sua solidez apenas pela sombra que lançam; mas é impossível não sentir uma certa potência em seu relacionamento, um certo sentido de comunicação entre eles causado pela sua situação particular no espaço; eles geram uma emoção difícil de denominar, mas impossível de negar.

Mas de fato somos tão fundamentalmente emotivos, tão carregados de uma vitalidade que busca para nós o que é, ou poderia ser, significativo para nossa contínua existência e bem-estar, que não há obstrução, nem figura ou forma, nem som ou sentido, que deixe de despertar alguma parte de nossa sensibilidade animal ou para angustiar ou para fortificar nosso tênue apego à vida.

O pintor De Chirico explorou em muitas de suas telas esses sentimentos do enigmático, do perigo ao meio-dia, a ameaça oculta na cena familiar; e outros pintores surrealistas continuaram até as raias da paranóia e alucinação, com toda expressão de emoção sexual reprimida ou revelada. Tal temática, com ou sem figuras, repete-se regularmente e tem muito a dizer para nós arquitetos, porque oferece à representação do relacionamento espacial uma conexão vital com nossas sensibilidades animalescas. Seu sentimento de ameaça repercutiu na literatura do desespero europeu desde Kafka até Sartre, e, embora não se trate da emoção que a arquitetura normalmente escolha para tratar, permanece um ponto que a arquitetura toca antes de resolver seus problemas na unificação de suas partes.

Esta noção de edifícios que se correspondem no espaço surge, mais freqüentemente do que se poderia supor, nas atividades dos arquitetos contemporâneos. A mais célebre é o grupo de edifícios do Capitólio em Chandigarh onde numa grande planície Le Corbusier situou os quatro ou cinco edifícios que abrigam o governo do Punjab (Fig. 15). Quando forneceu pela primeira vez seu projeto para o grupo do Capitólio, alguns de seus amigos mais próximos acharam que ele tinha se excedido nos limites em que prédios individuais se comunicam entre si. Sei que ele pretendia ir até os limites — e que na época em que resumiu seu esquema e o edifício da Suprema Corte se fazia claro para ele que estava constantemente refrescando suas impressões daquelas vistas amplas que se estendem desde o Louvre até o Arco do Triunfo — do que de fato a mente perambulante pode receber, resolver e achar aceitável.

Aquilo que Le Corbusier buscava em Chandigarh era muito mais difícil do que a grandiosa disposição em eixo das Tuileries e dos Champs Elysées, algo mais parecido aos cubos na paisagem decrescente (Fig. IX) uma vez que nada em seu projeto é em eixo. A Suprema Corte e o Edifício do Ministério de 250 metros de comprimento dispõem-se face a face através de uma planície; é grande demais para ser um quadrângulo ou um pátio já que cobre 220 acres e tem meia milha em diagonal; e daí ele retirou todo movimento que desviasse a atenção rebaixando as estradas, embora mais tarde tenha achado melhor acrescentar uns montes artificiais. Nessa planície, entre os dois edifícios retangulares de cada lado, situou de um lado o vasto edifício da Assembléia, ao fundo o Palácio do Governador (que originariamente era um edifício grande) e, no espaço entre este e a Suprema Corte, o monumento da Mão, tendo sempre como fundo os montes Himalaia, que se erguem 1 500 metros acima do primeiro plano de pequenas montanhas.

E tal plano de fundo justifica suas dimensões imperiais. Lembro-me de encontrar um poste indicador em Simla que dizia simplesmente PARA O TIBETE, e, subindo algumas milhas no caminho para uma pousada, que dava vista para uma linha de picos de montanha cobertos de neve a se estender até o infinito em todas as direções, de tal modo que minha mente se atrapalhava com a sua imensidão, não obstante estivesse informada quanto aos limites externos de grandeza.

Decerto as dimensões de Chandigarh *sugeridas* pelo plano de fundo poderiam alvoroçar as ambições de um arquiteto altivo, especialmente daquele que, como ele me confessou na época, estivesse interessado apenas em arte. Diz-se com razão que um homem pode ser medido pelo que propõe fazer.

A última vez que vi o grupo do Capitólio foi na bruma escaldante do meio-dia, quando o concreto estava com a sua pior aparência e nada estava claramente definido, que não é hora para arquitetura hindu. Fique uma semana, desfrutando da luz da tarde que é a hora para a poesia e beleza hindus, e esse grupo começará a justificar-se.

Numa escala menor, na vista ao longo da Praça de São Marcos por cima da laguna na direção de San Giorgio, será encontrada uma combinação de emoções, uma colaboração de proximidade e distância, do enigmático com o revelado, do sólido com o etéreo, que o torna, dentre todos os lugares do mundo, o mais emocionalmente evocativo, o mais fascinante.

Geoffrey Scott[2], cujo livro *The Architecture of Humanism* foi o primeiro a incitar tal indagação, jogou com a noção de *empatia,* que o dicionário define como o poder de projetar a própria personalidade para dentro do objeto contemplado, mas que Scott inverteu como sendo o sentimento estabelecido em alguém pelo que estava ocorrendo no objeto. Sendo um comprovado humanista da Renascença, ele estava tentando sugerir que um prédio aparentemente apoiado numa placa de vidro provoca uma sensação de insegurança no fundo do estômago, embora de fato estivesse sofrendo, como o vigário e seu cachorro, do choque da mudança de ambiente, e ele não conseguiu estender as reações do espectador ao mundo emocional que tentei explicar.

2. Scott, Geoffrey. *The Architecture of Humanism.* Methuen University Paperbacks 1962.

Estaria interessado em saber o que Scott teria feito das casas envidraçadas de Mies van der Rohe e Philip Johnson, ·que foi outrora seu discípulo, porque estas casas dão a impressão de mostrar os verdadeiros limites externos da aparente segurança da sociedade moderna, ferindo o instinto animal que evita o isolamento e prefere dar as costas para uma parede, e distinguindo-se como as fantasias intelectuais que representam, elas não têm probabilidade de satisfazer as necessidades mais profundas da humanidade. Exploram nossa concepção intelectualizada de segurança e liberdade, como a arquitetura é sempre livre de operar dentro dos limites do que pode nos apegar a nossa magnífica base animal, mas deixemos que Blake nos lembre:

Tiger, tiger, burning bright
In the forests of the night *

A essência da mensagem é que, ao ver a arquitetura, se deva ter sensações, e não apenas do tipo intelectual, pois quando um tribunal de justiça é exagerado além da proporção humana é para infundir temor no litigante a fim de que fique devidamente subjugado pela majestade da lei. E assim procedemos com outros edifícios de governo, utilizando o tamanho para intimidar e a simetria para definir a formalidade do acesso, para comandar os sentidos e exigir obediência, e assim por diante.

Se, entretanto, os tribunais buscam gerar emoções de temor e os bancos aquelas de estabilidade e segurança, há emoções mais nobres associadas às aspirações humanas mais profundas e permanentes que, para serem evocadas por completo, supõem uma completa identificação do projetista com o cliente e o tema, e ainda mais, uma unanimidade de propósito compartilhada por toda a comunidade cujos interesses estejam envolvidos. Com relação ao processo criativo que produziu as catedrais de Île-de-France, os palácios da Renascença ou os templos da Acrópole em Atenas, não é possível conceber uma concentração menos intensa. Tais criações, a destilação de civilizações de

(*) Tigre, tigre, ardendo claro/ Nas florestas da noite. (N. do T.)

93

alta intensidade, exaltam as aspirações que se encontram no âmago de nosso ser e continuam a fazê-lo séculos depois que suas intenções contemporâneas foram realizadas.

Em edifícios de tal qualidade é que cabe o que poderia ser imaginado como um enfoque mais racional, a obra de uma mente mais do que o simples incitamento de uma intuição animal. E assim acontece. A arquitetura é construída basicamente de formas geométricas — cubos, cilindros, partes de esfera, triângulos e pirâmides — e misturas de todas elas, delineando-se sob a luz do dia ou na estrutura dos interiores em diversas condições de iluminação, mas sempre iluminada, uma vez que a forma só é revelada pela luz.

Essas formas básicas possuem cada uma tanto caráter como possuem as notas da escala musical cromática, e isso decorre de seu efeito sobre nossa natureza animal como pode ser observado ao se notar nossa reação a figuras redondas opostas a formas côncavas, a cubos planos opostos a pirâmides pontudas ou cones, a cilindros longos e esguios opostos a um barril chato e atarracado. Isto é considerá-los como abstrações geométricas estáticas e inanimadas sem identificação ou textura de superfície. Assim mesmo demonstram tendência para o movimento ou ausência de movimento e despertam em nós graus de emoção variáveis, embora fosse impossível codificar suas propriedades com qualquer exatidão que fosse útil, ou estimar, menos ainda calcular, seus efeitos na combinação de um com outro. Desse modo formam um vocabulário não escrito do sentimento arquitetônico que no curso normal dos acontecimentos deve ser reunido, em grande parte, a partir dos sentimentos erigidos pelas experiências passadas de arquitetura mantidas quando solicitadas ou mantidas em suspensão emocional até que surja a ocasião. Se essa percepção não estiver presente na vida de um arquiteto, ou não tiver sido subjugada, o seu trabalho será certamente árido. Como poderá tocar uma melodia sem uma escala emocional?

A sensibilidade às reações emocionais da forma arquitetônica constitui provavelmente o âmago da capacidade criativa do arquiteto, e, na sua falta, um maior treinamento pouco acrescenta. Sua percepção tampouco deveria estar limitada à arquitetura, mas deveria abranger tudo o que apresenta forma e provoca emoção: a cena natural tanto quando a arte.

Esta não é de modo algum uma opinião em voga nos dias atuais, mas estou certo de que é uma verdade em relação a todos os bons arquitetos, e o era amplamente em relação a Le Corbusier, cuja percepção natural era refinada por um tipo de reflexão metódica. Então também no decorrer de sua experiência fertilizante, as formas com que jogou assumiram a complexidade de sua vida interior somada a suas contradições e ambigüidades confessas.

Assim mesmo essas formas raramente são usadas isoladamente, já que a arquitetura é mais uma linguagem do que um vocabulário. São utilizadas em combinação ou em série e o que deve forçosamente ser importante é o relacionamento que mantêm entre si dentro do efeito decorrente de sua combinação total num edifício ou num grupo de edifícios considerados como uma obra de arte.

A repetição é uma necessidade na composição arquitetônica, uma vez que colocar formas expressivas e emocionais próximas umas das outras cancelaria o seu valor evocativo. Pela natureza das coisas as janelas e suportes se repetem em série, mas se esta função mecânica é tudo o que representam, o fato torna-se logo patente, a mente é prontamente satisfeita sem que se gere emoção.

Sendo este o caso de tantos edifícios comerciais no mundo, revela a extensão a que a vida de negócios foi mecanizada e burocratizada e por conseguinte tem pouco a nos dizer. Mesmo num edifício tão cônscio de si como o da Embaixada Americana em Grosvenor Square, o elemento mecânico, possivelmente devido à imposição de um sistema mecânico de estruturas de barras cruzadas, priva-o de expressão. Sua fachada principal desenrola-se como um padrão metálico prensado, e desaparece na esquina sem um sinal de aceno, como se não pudesse parar mesmo que quisesse (Fig. 16). Nisto é uma criação real de sua época. Em outros aspectos o edifício é admirável. Sua base, os robustos suportes no andar térreo, a idéia de um grande cofre apoiado na base e reduzido na altura do telhado são completamente aceitáveis, mas é a textura do cofre que não consegue nos cativar.

O elemento repetitivo das novas Chelsea Barracks em Londres parte com uma forte referência emocional à máquina militar, mas por ir demasiado longe perde o ritmo, e por essa razão de novo fracassa em reter nossas emoções (Fig. 17). A repetição, para estabelecer ritmo, deve ser limitada por seu relacionamento com outras partes e com o todo, o que significa dizer que precisa ser comandada por algum senso do propósito ou direção emocional que lhe dá vida e movimento.

Aquilo que distinguimos como estilos arquitetônicos são as respostas a corpos de emoção firme e amplamente mantidas, relativos a aspectos importantes da vida; a arquitetura gótica no tocante à ética cristã e metafísica escolástica; a Renascença em relação à mitologia clássica revivida a disfarçar o materialismo emergente; a arquitetura vitoriana, se seu revivalismo não-seletivo pudesse ser considerado merecedor do título coletivo, quanto à necessidade de encontrar a respeitabilidade autêntica num mundo em desagregação. Esta última situação não impediu homens de gênio, desde Barry a Lutyens, primarem nos estilos que adotaram para seus objetivos, mas despojou o período de coerência; e os impediu de saberem por que construíram da maneira como o faziam, assim como de saberem se libertar no uso do ornamento que, em escalas apropriadamente menores, suporta e sustenta a proporção das partes maiores. Assim, ao olhar de perto edifícios tais como o Palácio de Westminster e o Reform Club, ver-se-á um elemento negativo ou estático abafando qualquer indagação ulterior.

Levantei esta questão em particular porque estamos de novo num período de insegurança emocional em que os arquitetos são atraídos ora numa ora noutra direção, buscando e muitas vezes professando uma base lógica para suas preferências, mas desviados por um apelo às sensibilidades não tão absorventes quanto aquele que, há trinta ou mais anos atrás, fez de nós arquitetos modernos. Talvez estejamos tratando com a baixa geral de todas as formas de emoção e expressão, exceto alguma raiva ou frustração, numa sociedade entregue cada vez mais ao mecanicismo e à burocracia, e isto mais uma vez verifiquei de maneira tão marcante na cerimônia de cremação, que tive que reviver intensamente o processo a fim de redescobrir algo da natureza verdadeira do rito funerário; aquilo que constituía a celebração adequada da morte, e aquilo que estava obscurecendo a necessidade humana de compartilhar a dor.

É válido examinar esse problema com algum detalhe pois o modo de projetar crematórios na Inglaterra é prova de uma sensibilidade reduzida em uma sociedade tão compartimentada e burocratizada, tão iludida e confusa pelo alimento comercial a ponto de ter perdido o interesse e não conseguir ver o significado em um dos maiores dramas de nossa existência, a morte e o sepultamento de indivíduos. Menosprezando a solenidade dos funerais e desviando-se da celebração adequada à dor, como se desvia de responsabilidades sociais de muitas outras coisas que possam atrapalhar o seu gozo das boas coisas que extraiu de seu domínio sobre a matéria, tal sociedade está tão perplexa para explicar o volume crescente de suas inúteis neuroses como estava para tomar qualquer medida efetiva a fim de impedir o massacre dos judeus e criaturas sem pátria, embora isto figure como o maior crime da história. Tampouco hoje possui ela qualquer senso nítido da ligação entre os dois: dos limites cada vez mais próximos de uma interpretação e aprovação racionais daquilo que diz respeito à sociedade.

Assim, com a transição do pátio da Igreja da *Elegia* de Gray para os cemitérios de milhas de extensão das cidades industriais (e dessa reconhecida situação de superpovoamento, de fome de terra que não se coaduna com o sepultamento estendido na terra, ao processo inevitavelmente compactado de cremação) a transformação de uma cerimônia religiosa de comovente caráter direto e significado evidente numa função primeiramente comercial e depois municipal passou

15. Foto da *maquette* do Capitólio, Chandigarh, por Le Corbusier, mostrando a posição assimétrica de edifícios monumentais situados numa planície. Em primeiro plano está o Edifício do Ministério. Mais à distância, o edifício da Assembléia faz frente à Corte Suprema, com o Palácio do Governador da época, ligando-os de um lado a outro.

16. Embaixada Americana, Grosvenor Square, Londres, pelo arquiteto Eero Saarinen. "A fachada principal estende-se como os motivos de um tapete e desaparece dobrando a esquina..."

17. Chelsea Barracks, Londres, pelos arquitetos Tripe & Wakeham. Um exemplo de sentimento militar superenfatizado pela idéia da máquina.

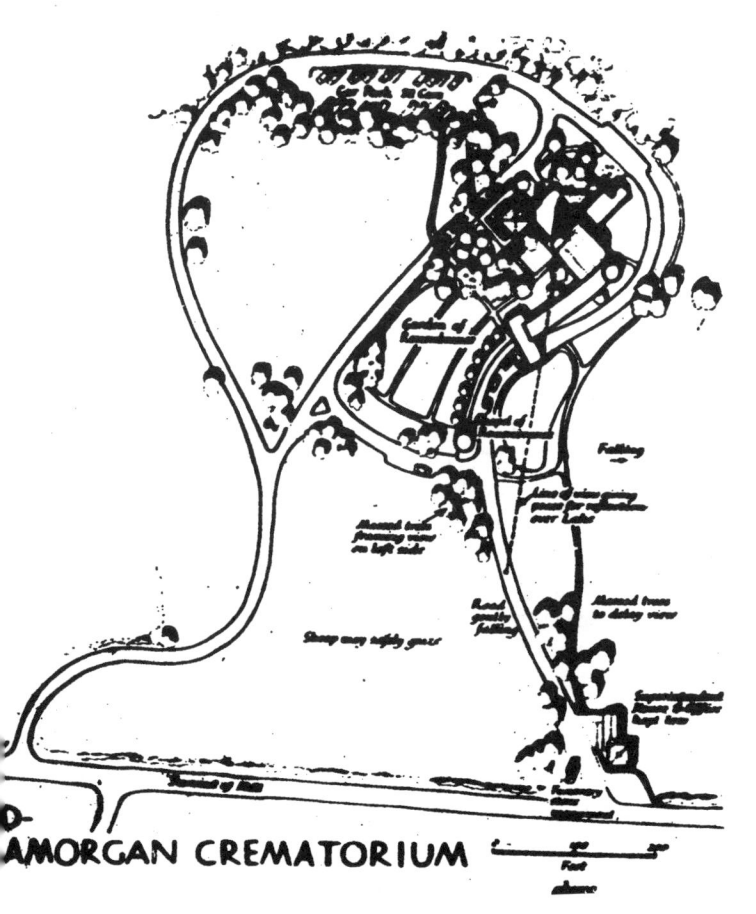

18. Planta do Mid-Glamorgan Crematorium, País de Gales, pelo autor.

19. Fotografia da *maquette* do Mid-Glamorgan Crematorium, tirada da via de acesso. A capela principal é de concreto armado com formas portantes em pedra local. A capela menor é de madeira com telhado de cobre.

despercebida pela sociedade. Apenas gradualmente, ao exprimir suas queixas sobre os caixões que entram sacolejantes nas bocas basculantes dos fornos ao som de música mecanizada, a sociedade percebeu alguma deficiência no arranjo, no entanto ainda permaneceu inconsciente do que poderia constituir o ciclo completo de sua cerimônia.

Ao revisar os crematórios construídos na Europa, e são muitos, encontrei poucos em que fossem observados os requisitos fundamentais do luto. Há um famoso crematório em Estocolmo, de autoria do arquiteto Asplund, no qual a resposta emocional é provocada de imediato pela conjugação, num ponto do horizonte próximo, de uma cruz e um portal funerário, mas existem poucos além desse.

A boa arquitetura de qualquer época atua como um regenerador ao iniciar novos impulsos que depois disso têm uma existência independente sob novas circunstâncias. Asplund, que respeitava o passado, era um comunicador inato, tanto que há muito tempo atrás ele me contou quase toda a história do ciclo de cremação nessa precoce anunciação de reconhecimento compassivo. E é interessante notar que um arquiteto tão versátil quanto ele, um dos mais precoces e marcantes expoentes do estilo moderno na Europa, devesse estar tão profundamente influenciado pela obra de Sir John Soane na Inglaterra. "Por que vem ver meu trabalho na Suécia, disse ele, quando tem o que precisa em casa?"

Foi um grupo de pequenas autoridades rurais no Sul de Gales [3] que se ofereceu para pôr em andamento os planos que eu havia exposto à Sociedade de Cremação, em 1965, e comprou uma área perto do cume de um morro, sendo que um lado sumia no fundo de um vale, e ao longe um bosque e pequenos montes formavam o fundo. Uma ligeira plataforma de terra era o local óbvio para o edifício e este, encontrando-se um pouco terra adentro, contribuiu para a essência do projeto que é o *retardar* (Figs. 18-19).

3. Os conselhos urbano-distritais de Bridgend, Ogmore e Garw, e Porthcawl, assim como o Conselho do Distrito Rural de Pen-y-bont.

Aquilo que em outros lugares encontrei como obstáculos ao ato funerário foi o abrupto, o óbvio, o peremptório e o banal. O luto exige antes de mais nada a dissociação da vida agitada e negligente das ruas por onde o cortejo deve passar, seguido de uma cerimônia em manifestação de simpatia, conspirando todo o ambiente, formas e ações para reviver, receber e finalmente compor o pesar particular, ao dignificá-lo na associação com a história antecedente da vida e da morte na região, e desse modo unindo o crematório à história e vida das igrejas e capela igualmente com uma vida secular. Não vejo motivo para separá-las.

Por esta razão e porque qualquer grau de falsidade ou equívoco, tal como a remoção temporária de cruzes e outros símbolos míticos, como a reprodução de música pretensamente religiosa, é mais destrutivo do sentimento do que uma ineptidão arquitetônica, projetei uma capela com órgão, para o culto cristão, e uma segunda capela para os outros, cada uma com seu próprio caminho de acesso, cada qual com sua aproximação cerimonial adequadamente estendida. Fui a isto impelido pela memória do funeral de um do nosso grupo em Chandigarh; o corpo, embrulhado apenas numa mortalha branca foi carregado numa liteira por seis acompanhantes do enterro, beirando o rio, até a pira funerária. Enquanto a procissão avançava, reparei que um homem ia até a frente, batia no ombro de um dos que carregavam e silenciosamente o substituía; eu procedi da mesma maneira, e foi minha vez de sentir o peso.

Então pareceu que nossa falha era no mínimo a nossa dissociação da cerimônia, e o nosso não-envolvimento com a dor, o que explica o claustro de acesso, com seus recessos semicirculares incrustados com as lembranças de antigos pranteadores, marcando um ritmo lento e confortante ao subir a encosta onde o sacerdote oficiante, de qualquer que seja a seita, aguarda a procissão para conduzir os últimos poucos passos ainda subindo [4], até o catafalco em seu nicho de recepção semicircular, iluminado de cima. Na abóbada da entrada a procissão — mais íntima, mas não menos

4. A capela toda é inclinada na direção do catafalco.

cerimonial — mais uma vez deve erguer seu fardo, e depois disso cada passo torna-se significante nas formas que provoca dentro e fora a abóbada terminal, o ritmo do claustro resolvido pelo retumbar mais amplo da sacristia, a janela com barras paralelas assinalando a curva para os últimos passos, e do baixo teto do claustro à altura da capela, e o nicho do catafalco sustentado acima do telhado da capela, anunciando à distância o fim da triste jornada desse compromisso cristão. Assim também se ergue o pilone de pedra à entrada, perfilado contra o ponto mais elevado do caminho, a plantação de árvores a retardar a vista até que esta surge refletida nas águas tranqüilas de um pequeno lago, e o ritmo, por assim dizer, subdominante do teixos conduzindo à isolada capela da recordação.

Referi-me a isso como uma anatomia do funeral a fim de chamar a atenção para aquilo que uma reflexão pessoal irá confirmar, isto é, que por mais que os encubramos ou os dispamos de nossa consciência, a morte e a necessidade de completa expiação do pesar como um ato comunal devem ser livremente admitidos para o bem de nossa alma e saúde de nosso espírito, como Geoffrey Gorer [5] deixou bastante claro em seu estudo documentado sobre o pesar.

Uma boa parte do que descrevi como constituindo o impulso condutor para o projeto crematório era intrínseco ao programa tradicional dos edifícios em épocas em que o artista era uma figura mais importante do que é hoje em dia para nós, e o programa convencional supõe um grau de entendimento como o que se supõe entre cliente e arquiteto, até mais do que isso, a necessidade para o cliente daquilo que se supõe que o arquiteto possa fornecer. "Se você quer uma arquitetura com estilo, disse o velho Berlage, você precisa viver com estilo".

O estudo do olho humano de autoria de R. L. Gregory [6] surge como um complemento interessante para este capítulo. Normalmente os edifícios não se

5. GORER, Geoffrey. *Death Grief and Mourning in Contemporary Britain*. The Cresset Press, 1965.
6. GREGORY, R. L., *Eye and Brain Psychology of Seeing*. World University Library.

movem com exceção dos moinhos de vento, e poucos podem ser vistos de relance. O olho humano explora-os como faz com um quadro, e a ordem em que assim procede depende da configuração do edifício.

Ora, enquanto a parte externa do olho é um mecanismo de rotação da maior delicadeza, dissociada da corrente sangüínea e existindo em seu próprio fluido, a retina, bem longe de ser uma tela de cinema, é um complexo sistema nervoso que transmite mensagens à mente; tampouco tais mensagens constituem a cópia fotográfica daquilo que atravessa as lentes, mas muito pelo contrário.

A fotografia é o registro exato do que é visto pela lente, mas a retina transmite com a imagem da lente as correções que nos permitem chegar mais proximamente ao acordo harmônico com o que vemos porque por hábito não olhamos passivamente através de nossos olhos mas sim como criaturas equipadas para sobreviver: julgar distâncias, estimar peso e massa, distinguir entre coisas fixas e móveis para nosso próprio bem etc.

Comparado ao olho de uma rã, que parece ser capaz de assinalar apenas uns poucos objetos relativos a movimentos e cantos, embora reagindo à presença de moscas, nossos olhos são instrumentos de objetivos genéricos para alimentar o cérebro com informação *comparativamente* não processada, enquanto os olhos dos animais que possuem cérebros mais simples, são mais elaborados, pois filtram a informação que não é essencial à sua sobrevivência, ou utilizável por um cérebro mais simples. É esta liberdade de tirar novas inferências de informações sensoriais que nos permite descobrir e ver muito mais do que os outros animais. Os grandes cérebros dos mamíferos, e principalmente os humanos, permitem que a experiência passada e a antecipação do futuro desempenhem um papel importante no aumento de informação sensorial, de modo que não percebemos o mundo exterior meramente a partir da informação sensorial disponível a um dado momento qualquer, mas sim que usemos essa informação para testar hipóteses do que se encontra diante de nós. A percepção torna-se uma questão de sugerir e testar hipóteses.

A partir do que vemos do funcionamento de nossos olhos e do pouco que sabemos do vasto mundo inconsciente do qual nossa vida reconhecível é, exceto em parte, um reflexo, podemos calcular a diferença entre mentes estimuladas ao exercício das faculdades das quais depende a existência contínua da sociedade e aquelas que não recebem tais estímulos.

Isto me sugere que é a *qualidade das emoções acolhidas pela sociedade* que capacita a planejar e seguir um curso no sentido de uma sobrevivência bem sucedida, embora sempre temporariamente, e isto é duplamente verdade onde as circunstâncias, como em nosso mundo ocidental, não apenas são complexas por si só mas estão sobrecarregadas com referências e precedentes históricos. É em tais circunstâncias que as hipóteses se multiplicam, e os meios de testá-las precisam fiar-se cada vez mais no entendimento de que tipo de emoção somos capazes de evocar. Encontramo-nos numa situação em que somos apressados em meio a um número considerável de acontecimentos aparentes e um excesso de informação, e estamos perdendo o poder de reflexão, que nos ditaria o que é e o que não é importante.

Ficamos cada vez mais necessitados do tipo de mentalidade capaz de uma reflexão que abranja mais do que o particular, e em nenhum outro campo mais urgentemente do que na questão de saber como iremos viver em nosso decrescente pedaço de terra. Daí por que tento ampliar a apreciação do alcance desta arte específica que eu cultivo, esperando que venha a contribuir para criar um clima de opinião aquiescente que permita a reflexão.

Embora tenhamos expandido nosso conhecimento especializado do mundo de tal forma que poderíamos nos orgulhar do que nossos cérebros e sentidos fizeram por nós, ao fazê-lo podemos sentir no entanto que a forma da sociedade através dos tempos tornou-se cada vez mais deformada — só intelecto sem entranha, ou só barriga e nenhuma cabeça — mas nos dois casos, fora de todo curso e cômputo adequados. Pois há dois aspectos neste assunto: um é uma extensão de nossas faculdades, afinadas com o universo em expansão hoje em moda; e o outro, o mundo tipo Blake: "um mundo num grão de areia", e há isto finalmente para ser dito sobre arquitetura antes que encerre este capítulo: o preocupar-se com ritmos em cujo centro encontramos números, como no belo aforismo de Blake, liga-se diretamente a nós e deve nos falar do espírito que mantém as estrelas na sua rota.

Existem, é verdade, apenas uns poucos edifícios que exemplificam esta afirmação, mas estes, erguendo-se acima de todos os níveis cômodos de alusão e anedotário, e todas as mais fáceis demonstrações de emoções pelas quais somos não obstante profundamente agitados, parecem relacionar-se apenas com a concepção mais elevada de proporções ideais, visando, como no Partenon, a um grau de solidez e permanência através de meios que épocas mais grosseiras desperdiçam porque as tensões intelectuais de uma classe muito alta da sociedade foram destruídas por um conquistador. Ocasionalmente isto pode acontecer no simples fragmento de uma obra, como quando, ao entrar desprevenido na nave Bury St. Edmunds da St. Mary deparei-me com uma arcada tão imaculada em suas proporções que me levou a considerá-la mais do que obra humana.

4. A ERA EM QUE VIVEMOS

Todos nascemos em meio à era industrial e fomos condicionados a ser seus súditos. Do mesmo modo, nascemos no remanescente de uma era anterior; em meio a sua arquitetura, sua arte e literatura, e mesmo em meio a uma memória vívida de seu pensamento e maneiras habituais, trazida até nós pelo impulso decrescente do atraso no tempo, assim preservado vivo pela arte e literatura que herdamos.

Nasci pouco antes da virada do século em Liverpool e, durante um período de formação vivi na clássica área interna onde uma série de praças e terraços interligados, ainda não invadidos pelo tráfego de automóveis, me forneciam um fundo coerente de uma ordem civilizada.

Eu poderia ter nascido em meio à clássica área interna de Londres, que é maior, e ter ficado muito mais embebido da contínua corrente histórica que liga o século XVIII a este. Mas na verdade muito do que desde então foi destruído no Park Lane, Regent Street e Picadilly ainda podia ser admirado no começo dos anos 20, quando vim a Londres pela primeira vez, a ponto de também eu sentir, e registrar, uma qualidade de inteireza na composição do ambiente urbano que desapareceu; uma inteireza cuja recriação agora constitui o objetivo consciente do arquiteto. Tal sentido teria sido mais difícil de alcançar se eu tivesse nascido em Wolverhampton ou Leeds; mais difícil, porém não impossível, porque as relíquias de épocas anteriores estavam espalhadas por toda parte, e a Inglaterra industrial tendia a reunir-se em volta dos antigos centros.

Tendo nascido nesta época, como erigir padrões individuais? E como obter um aparato crítico com o qual avaliá-la e julgá-la? Enquanto faço tais perguntas fico maravilhado com a imensidão de nosso fundo de experiência pessoal, aquele depósito de lembranças que no correr do tempo não mais pode distinguir entre aquilo que realmente aconteceu conosco e aquilo que tiramos de livros ou quadros, e que transformamos, por alguma química pessoal, numa atitude e numa moralidade, e naquele sentimento específico pela história de nossa raça que consideramos ser do nosso interesse pessoal.

Existe, operando em algum ponto na criança em desenvolvimento, uma faculdade crítica que seleciona para ela aquilo de que esta necessita e a conduz para a experiência, conquanto aparentemente não seletiva, que alimentará a capacidade de discriminar e agir quando incitada pela ocasião. Isto aparentaria operar em circunstâncias tão difíceis quanto aquelas em que os jovens poetas da União Soviética se encontram, uma situação já descrita vivamente por Pasternak, e agora tão sombriamente redecretada. Esses jovens poetas, que se oferecem naqueles rigorosos tribunais de correção como sacrifício, não tanto pela liberdade mas pela dignidade do indivíduo, estão fazendo nosso trabalho por nós.

Acredito que chegamos a um momento em que as doutrinas que foram sustentadas como verdades, e as explicações que satisfizeram, devem ceder lugar àquilo que for considerado mais de acordo com as circunstâncias mutáveis com as quais precisamos inevitavelmente realizar uma composição feliz. Aquilo que porventura iremos resolver está além de meus propósitos no momento. O melhor que posso fazer é oferecer toda e qualquer prova em favor de uma nova apreciação dessas circunstâncias que eu possa conseguir, e traçar, como espero fazê-lo neste capítulo, a ascensão, esfoliação e endurecimento gradativo de uma visão de vida que, embora no momento questionada sob todos os aspectos, mantém sua influência sobre os centros dominantes do poder, a hegemonia conjugada da indústria e do poder.

Precisamos portanto voltar sobre nossos próprios passos até aquele período preparado pela Reforma, quando o caloroso espírito do catolicismo foi rejeitado deixando o homem do século XVII enfrentar seu futuro guiado somente por sua razão e uma nova consciência em estado bruto.

Daqui, de nosso ponto privilegiado que os três séculos nos conferem, podemos observar os habitantes europeus de um mundo que lhes fora aberto por Colombo e Galileu, buscando uma explicação capaz de substituir as certezas comprometidas com a fé de uma escolástica medieval, e encontrando-a em sua física, isto é, numa explicação material do universo baseada na razão e dedução do fato constatado e mensurável.

Mas antes de empreender um relato do que ocorreu em seguida, gostaria de fazer uma pausa para considerar o que quero dizer com a necessidade de uma reavaliação no século XVII; ela também apresenta paralelo e recentes manifestações em nossos tempos.

Diz Basil Willey no *Seventeenth Century Background*:

Uma exigência geral de reformulação ou explicação parece sobrevir de tempos em tempos... Presume-se que tal exigência indique uma desarmonia entre as explicações tradicionais e as necessidades atuais. Não implica necessariamente a falsidade da afirmação anterior; pode apenas significar que os homens no momento queiram viver e agir de acordo com uma fórmula diferente. Isto fica especialmente claro sempre que uma explicação "científica" substitui uma teológica [1].

Resta verificar quão evidente possa ser quando uma explicação científica é considerada tão falha a ponto de requerer uma modificação substancial.

Embora membro ativo do movimento arquitetônico dos anos 30, nunca fui um colaborador completo da indústria. Sempre encarei a máquina mais como uma fatalidade do que uma oportunidade, e à medida que o período de pós-guerra se desenrolou minha apreensão cresceu tão intensamente que passei a perguntar-me, temeroso, se tal colaboração era possível ou salutar, ou de qualquer modo em que termos ela poderia ser possível e que tipo de considerações poderiam modificá-la.

O período de degeneração moral enquanto Hitler avançava a caminho da guerra total, quando finalmente nós mesmos aderimos ao cometimento de um bombardeio implacável; a própria guerra, com todas as misérias sofridas pelos não-combatentes; e, finalmente, Hiroshima nos levou a um estado quase de terror pelo futuro que poderíamos estar preparando para nós mesmos, por nos presentear com um quadro de desintegração muito mais avançado do que qualquer pessoa poderia ter imaginado ao ler os livros proféticos de Aldous Huxley ou George Orwell.

Esses fatos também testemunham vastas mudanças na indústria com a qual a arquitetura se propusera

---

1. WILLEY, Basil. *Seventeenth Century Background*. Chatto and Windus, 1946.

colaborar. A guerra e a economia haviam aproximado os dois lados para um maior proveito, poder-se-ia supor, da indústria do que da ciência, sendo que, para a arquitetura, a colaboração, tal como era, apresentava perigos imprevistos.

Na facilidade com que a indústria científica acabou com a implacabilidade da guerra algo alterou minha atitude. Com novas manifestações de seu êxito nos domínios do controle governamental, comércio e divertimento, da palpável diminuição da escolha na vida diária e da observação nova e alertante nota de autoridade nos órgãos de comunicação de massa, eu não mais poderia confiar nela cegamente. Assim, em 1956, partindo para uma palestra em Harvard, brinquei com a idéia de expor meus pontos de vista por meio de uma peça de conversação, à Paul Valéry, a desenvolver-se entre um arquiteto, o inteligente diretor de um colégio de Oxford e um historiador de arte, uma vez que Oxford parecia oferecer-me o exemplo dramático de um organismo delicado, aplicado à reflexão e à instrução, derrubado por uma estrutura mais simples de qualidade inferior, mas com grandes forças de expansão quantitativa, e parecia ser o mais interessante para a relativa inconsciência do corpo da universidade, quanto à natureza ou virtudes reais de uma cidade universitária ou quanto ao destino que aguarda seu futuro desprecavido.

Burckhardt sustentou que as cidades-Estado italianas deviam sua forma e qualidade ao poder de reflexão sobre a natureza das cidades que possuíam os cidadãos que as lideravam. Isto poderia ser também verdade quanto a Oxford até o momento em que era possível calcular os primeiros efeitos de crescimento material na figura da Morris a expandir sua garagem numa fábrica, e insistir na necessária conservação de uma atmosfera útil à instrução na estrutura da Oxford daquela época. Imaginei o reitor dizendo a Mr. Morris: "O senhor não acha, Mr. Morris, agora que vai indo tão bem, que deveria mudar-se para Luton, pois temo que não viremos a ser bons vizinhos nos próximos anos?" Mas é claro que nada disso aconteceu e Oxford sofreu no devido tempo uma enchente de funcionários de Mr.

Morris e dos carros que fabricavam, e **agora com** os Meadows ainda em risco esta é uma história triste e lamentável.

Parecia haver toda espécie de boas razões pelas quais Oxford deveria arcar com o peso de minha indignação moral, e na época em que cheguei a Harvard, avançara rapidamente ao ponto de denúncia. Mas também estava em dificuldades, como se tornou evidente ao ler o que fizera para minha amiga Jacqueline Tyrwhitt [2]. "Se alguém está preparado para Whitehead é você", disse ela, empurrando-me o seu exemplar gasto do *Adventures of Ideas* [3]. Despendi, portanto, boa parte do meu tempo em Harvard lendo Whitehead, Henry Adams, Norbert Wiener e outros, e um longo prólogo foi acrescentado às conversações, mas no final não obtiveram a aprovação de qualquer editor e foram postas de lado, e agora são mencionadas apenas para indicar como cheguei a minha fonte de material.

Desde então tenho testado aquilo que extraí das obras de Whitehead na conversa com diversos amigos, na ponderação deste assunto que volta constantemente, e em face de livros que com ele se relacionam. Acredito que suas explicações do dilema em que nos encontramos hoje são aceitáveis e vou tentar apresentá-las da melhor forma possível.

O extraordinário livro de Winwood Reade, *The Martyrdom of Man* [4] faria uma boa introdução a Whitehead. Foi publicado em 1870 aproximadamente na mesma época que o *Erewhon* de Samuel Butler, e narra a história da civilização em termos de épocas dominadas pela guerra, religião e finalmente intelecto. É maculada do princípio ao fim pelo pensamento do século XIX, mas é uma história de organismos, e acentua a idéia do crescimento de uma coisa a outra.

A história que nos interessa trata, com a ascensão do intelecto como o motivo dominante do pensamento europeu, do tipo de intelecto que era bastante

2. Professora Jacqueline Tyrwhitt, Harvard University.
3. WHITEHEAD, A. N. *Adventures of Ideas*.
4. READE, Winwood. *The Martyrdom of Man*.

novo no mundo ao tempo de Francis Bacon, mas já estava fortalecido por ser necessário à Europa se expandir além de suas fronteiras e começar uma nova fase da história para a qual a escolástica medieval não poderia fazer uma contribuição vantajosa.

Assim, a ciência pode ser vista dialeticamente como o efeito da. mudança, e o instrumento por meio do qual a mudança se acelerou. Apenas isto justifica a erupção do gênio científico e inventivo do século XVII que, representado por Sir Isaac Newton, podemos tomar como ponto de partida de nossa história, já que esta ainda se centraliza à volta de suas famosas leis da natureza, cujo êxito no mundo da física fez desta a filosofia comum ao mundo.

Suas leis relativas às propriedades da matéria física foram alcançadas por um método que abstraía da consideração do problema apresentado tudo que fosse extrínseco a ele. Assim, quando propôs a lei em que afirma que uma pedra cai atraída ao centro de um outro corpo, tal como a terra, com uma aceleração proporcional ao volume do outro corpo (por exemplo, a terra), chamou a atenção para aquele fato e somente aquele fato. Era uma lei que se verificava para a mecânica rude da época. Era uma feliz explicação mecânica de uma condição física num dado momento do tempo.

O tipo de raciocínio que essa lei exemplifica tem sido há cerca de 300 anos a metodologia da ciência "habilitando-a", no dizer de Whitehead,

> a extrair de uma situação dada tudo aquilo que possa ter sido de valor para ela; e contanto que todas as situações oferecidas exijam uma resposta em termos de mecanismo, isto é, em termos de matéria; do mundo, se o mundo em geral fosse incluído no sistema, sendo considerado materialmente, então o sistema teria êxito em tudo aquilo que se empenha em provar.

É importante lembrar que a Europa do tempo de Newton encontrava-se bem encaminhada num mundo em expansão que forçava a economia material de países que acabavam de sair do feudalismo e com apenas um frágil sistema de comunicação. O materialismo não havia recebido um nome até então, mas estava rondando, e qualquer sistema que oferecia uma explicação eficiente dos fenômenos materiais seria duplamente bem-vindo, com bases em seu valor aparente, e pelo apoio que poderia trazer à visão material dos deveres do homem neste mundo.

O sistema teve seus críticos desde o início. O filósofo Thomas Taylor, que foi o primeiro tradutor de Platão para o inglês e amigo de Blake, Coleridge e Wordsworth, foi sensível a suas deficiências como uma explicação minuciosa dos acontecimentos, como fez o Bispo Berkeley. Blake foi uma testemunha belicosa da ampla e oposta visão da vida: "um mundo num grão de areia!" — cantou. Mas de qualquer modo não era uma filosofia, mas uma explicação brilhante e suficiente de fenômenos físicos dentro do restrito ambiente necessário à verificação das proposições consideradas.

Essas proposições dizem respeito às matérias simples situadas dentro ou perto de provas observáveis, como por exemplo de que a força se propaga em linha reta. Abstraídas do pleno fluxo dos fenômenos, essas proposições em conjunto constituíram as leis da natureza que guiaram a física para as suas deslumbrantes realizações do século XIX — rumo a Faraday, Clerk Maxwell e Rutherford, ao domínio do pensamento universal e ao quase total desaparecimento de qualquer outra explicação de vida.

No decorrer do século a direção da ciência foi modificada pelas investigações de Darwin sobre a origem das espécies e pelo conseqüente despertar de interesse pelos organismos distintos dos mecanismos, mas o efeito da física sobre toda a maneira de raciocínio era tão esmagador que uma explicação mecânica tinha primazia sobre qualquer outra, e eram necessárias provas em maior quantidade antes que a ciência pudesse alterar sua atitude. Foi preciso, dentre outras coisas, Einstein com sua Teoria da Relatividade, e sua demolição da teoria da propagação da luz em linha reta que se encontrava no centro das leis de Newton e da explicação materialista da vida.

Whitehead, em duas séries de palestras em Harvard que são o tema de seus melhores livros [5], atacou em cheio as teorias de Newton. Essas já haviam sido abaladas pelas descobertas da ciência, que no meio tempo se encaminhara para uma orgânica fugindo a uma explicação de fenômenos puramente mecânica; mas não havia até então uma exposição filosófica do que tais mudanças pressagiavam para a sociedade em geral. Estava atuando, como explicou, como um crítico de sistemas de pensamento ao tentar expor uma filosofia que pudesse responder pelo conjunto de fatos revelados pela ciência moderna no ambiente de nosso mundo moderno.

Disse anteriormente que as leis de Newton de um modo geral se referiam a simples fenômenos de observação que foram explicados em termos aceitáveis para a razão normal e passíveis de verificação mecânica como, por exemplo, de que uma pedra cai através do espaço numa velocidade proporcional a seu volume e o quadrado inverso da distância que percorre.

A teoria da "localização simples" deve verificar-se onde o espaço e tempo são considerados materialmente, ou seja, num mundo de matéria inerte; mas o defeito do esquema científico do século XVIII consiste em *não fornecer qualquer dos elementos que compõem as experiências psicológicas imediatas da humanidade* [6]. Tampouco fornece qualquer traço elementar da unidade orgânica do todo, da qual podem proceder as unidades orgânicas dos elétrons, prótons, moléculas e corpos vivos. De acordo com aquele esquema, não há razão alguma na natureza das coisas por que porções de material devam ter qualquer relação física entre si. Admitamos que não podemos esperar ser capazes de discernir as leis da natureza como necessárias. Mas podemos esperar ver que é necessário haver

5. WHITEHEAD, A. N. *Science and The Modern World*. Cambridge University Press, 1939.
6. Grifos meus.

uma ordem da natureza. O conceito de ordem da natureza está estreitamente ligado ao conceito de natureza como o *lugar de organismos no processo de desenvolvimento!*

Por conseguinte, não é mais possível conceber uma pedra a cair através do espaço nos termos da "localização simples" que justificava as leis de Newton, porque muita coisa estava acontecendo no momento descrito por Newton que sua lei, para ser uma lei, pusera de lado como irrelevante. O próprio momento, abstraído da consideração de tempo, havia sucedido ao momento passado e devia ceder ao momento vindouro, e apenas permitir este elemento do tempo; aí irrompe em nossa consciência a idéia de uma coisa crescendo dentro de outra, de uma coisa portanto "prendendo" uma outra, e de serem de certo modo espelhadas uma na outra. Pode-se ver o crescimento de um momento no outro, do mesmo modo que se pode considerar o momento como "prendendo" o momento passado, e a pedra não mais como uma simples pedra considerada singularmente mas como um organismo amparado por seu ambiente, "um padrão resistente" de fenômenos no qual é espelhado tudo que o torna possível, "um mundo num grão de areia" como Blake reconheceu instintivamente.

A ciência percorreu um longo caminho desde o tempo de Newton. No momento atual, a teoria do mecanismo orgânico,

a evolução de leis da natureza é simultânea à evolução do padrão resistente. Pois o estado geral do universo, como agora é, determina em parte a própria essência das entidades cujos meios de funcionamento são expressos por essas leis. O princípio geral é que dentro de um novo ambiente há uma evolução das velhas entidades em novas formas.

Essa... teoria orgânica da natureza nos possibilita compreender os requisitos principais da doutrina da evolução. O principal trabalho no fim do século XIX foi a absorção dessa doutrina como condutora da metodologia de todos os ramos da ciência... todo o fundamento da doutrina moderna é a evolução dos organismos complexos a partir de estados antecedentes de organismos menos complexos. A doutrina assim apregoa uma concepção de organismos como fundamental para a natureza. Também requer uma atividade subjacente — uma atividade substancial — expressando-se em corporificações individuais, e desenvolvendo-se em realizações do organismo. O organismo é uma unidade de valor emergente, uma fusão real das naturezas de objetos eternos, que surgem por sua própria causa. Conseqüentemente a chave para o mecanismo da evolução é a necessidade de um ambiente favorável à evolução, em conjunto com a evolução de quaisquer tipos de organismos resistentes de grande permanência. *Qualquer objeto físico, que por sua influência deteriora seu ambiente, comete suicídio.*

A paráfrase precedente do que será a recompensa de quem ler Whitehead serve numa extensão maior para indicar as profundas mudanças na corrente de pensamento científico e sua semelhança, ao menos em essência, com os processos da criação artística que constituem a preocupação da arquitetura.

Nada poderia causar maior dano a nossa situação atual do que opor a ciência à arte, como fez Wordsworth; mas ver a ciência no ambiente do mundo moderno, e em sua relação sobretudo com a sociedade em evolução, é aplicar sua própria metodologia a nossa situação atual, substituir um uso *relativo* por um uso intolerante de abstrações, o que se constitui no maior vício do intelecto.

Uma vez que o objetivo deste capítulo é antes descrever o clima de opinião no qual são tomadas decisões em nosso mundo moderno que acompanhar o curso da própria ciência, devo prosseguir para observar os efeitos na sociedade daquilo que aconteceu na ciência e especialmente na física.

A sociedade européia, como já indiquei anteriormente, estava preparada para Newton. Achava-se no processo de expansão física; carecia de uma explicação física para justificar o crescente caráter material do pensamento dominante. Tanto que quando veio a justificativa no exclusivo campo da física e na forma das leis de Newton, a sociedade ignorou as limitações e tomou as leis como aplicáveis à conduta humana em geral.

Como isto aconteceu não vem ao caso. Disse Pasternak:

Você não pode fazer história [7], nem pode ver a história mais do que pode observar a grama crescer. As guerras e revoluções, os reis e Robespierres são agentes da história, seu fermento. Mas as revoluções são feitas por homens de ação fanáticos de espírito obcecado, homens de espírito tão limitado a ponto de serem gênios. Eles derrubam a antiga ordem em poucas horas ou dias: a convulsão interna leva umas poucas semanas ou no máximo anos, mas posteriormente durante décadas, durante séculos, o espírito da obsessão que levou à convulsão é adorado como sagrado.

Newton era o oposto do obcecado, mas deve caber na denúncia de Pasternak, avaliado como deve ser em face da grandiosidade do que aconteceu posteriormente. Assim mesmo ele não pode ser culpado de que a humanidade não compreenda tanto quanto sente, ou de que quando pensa que compreende o mais das vezes o faz carregando de emoção ao que vem a seu propósito com todo o prazer do reconhecimento subconsciente.

Junto à ênfase que dou à física, poder-se-ia situar a separação dos estágios que conduzem ao materialismo do século XIX. Lutero, ao atacar a corrupção da Igreja tal como a encontrara, deixou a sociedade com um senso indevidamente aumentado da responsabilidade exclusivamente individual que tendia a fragmentá-la em consciência separada de uma natureza isolada. Newton deu indevida ênfase ao mundo inumano e inorgânico, e por converter em tal êxito o processo dedu-

7. PASTERNAK, Boris — de o *Dr. Jivago*.

tivo, diminuiu o valor de outros processos para outras finalidades. Adam Smith nos ajudou a cair numa economia de mercado para o empobrecimento de nossa noção de valores, e Descartes, ao separar as palavras espirituais das materiais, facilitou a possibilidade de que uma fosse esquecida em favor da outra. Esses homens, cada um deixando sua marca nos séculos que os sucederam, agiram num isolamento relativo de lugar e tempo; aquilo que os ligou talvez nada mais seja do que a emergência de uma linha divisória de águas na história da Europa.

Ao conferir tanta coisa a Newton sinto-me culpado de sobrecarregar uma única figura e de atribuir à ciência aquilo que não é inteiramente próprio a ela. Eu diria como defesa que, embora a ciência, a tecnologia e a indústria sejam separáveis, agora se combinam para produzir um clima que, quando comparado ao período da Pré-Reforma, poderíamos chamar de científico na noção de que a tecnologia e a indústria confirmam sua liderança. Sempre houve algo como uma tecnologia, assim como a indústria sempre existiu, mas a combinação específica que é claramente reconhecível nos primeiros anos do último século, qualquer que seja a ênfase dada a seu componente industrial como fator diretamente atuante na sociedade, merece a descrição geral até que mais tarde possamos ser mais discriminativos.

No começo do século XIX, a arte mostrou sinais de empobrecimento à medida que a estrutura de apoio do século XVIII cedeu sob a crescente pressão do industrialismo. Por volta de 1835, o ano em que a profissão foi erigida como distinta da arte de arquitetura, pela fundação do Instituto Real dos Arquitetos Britânicos [8], a arquitetura capitulara à plutocracia. A partir de então, até os anos 30 deste século, cada um podia escolher seu estilo de arquitetura como se fosse pastelaria à qual cada vez mais se assemelhava.

O quão rápida foi a desintegração do gosto pode ser avaliado estudando-se o desenho de edifícios, móveis e vestimenta durante o período entre 1830-40.

8. Royal Institute of British Architects.

Aquelas delicadas casas com fachadas de laços em Park Lane, as estranhas frentes das lojas da velha Regent Street, as mesas Wellington, as caixas lavradas de mogno como uma gazela, o delgado feitio do faetonte para os quais eram convidadas a passear as elegantes senhoritas de Jane Austen, — tais coisas não tanto desapareceram como foram deformadas, perderam seu requinte, e mudaram de mestres quando estes entraram para o asilo dos pobres nos meados do século XIX.

A pintura, com uma ou duas exceções marcantes, decaiu às profundezas da bajulação retratista ou rastejou ao desamparo numa aridez de revivalismo, enquanto a nota autêntica de poesia foi soada por Arnold nas tristes porém belas linhas de *Dover Beach* escrito em 1867:

> *The sea of faith*
> *Was once, too, at the full, and round earth's shore*
> *Lay like the folds of a bright girdle furl'd;*
> *And now I only hear*
> *Its melancholy, long, withdrawing roar,*
> *Retreating to the breath*
> *Of the night-wind down the vast edges drear*
> *And naked shingles of the world **.

Afora a magnitude, confirmada das linhas, que considero sem par, a nota de privação, de algo furtado à vida, soa com a angústia de uma dualidade desesperada: é o lamento de um homem religioso privado de seu deus.

Assim como Arnold, Tennyson, Newman, toda figura ilustre daquela época estava desajustada ao ambiente de materialismo.

Se alguém quiser sentir o peso daquilo que caiu sobre a terra compare as linhas de Arnold com as

---

(*) Em tradução literal: O mar da fé / Também uma vez foi pleno, e envolvendo as costas da terra / Repousa como as dobras de um cinturão brilhante amarrado; / E agora ouço apenas / O seu melancólico, demorado bramido de recolhida / Retirando-se para o sopro / Da brisa da noite insinuando-se imensidão adentro / Pelos áridos e despidos seixos do mundo. (N. do T.)

seguintes, tiradas ao acaso do *Prelúdio* de Wordsworth, escrito entre 1797 e 1805:

Dust as we are, the immortal spirit grows
Like harmony in music; there is a dark
Inscrutable workmanship that reconciles
Discordant elements, makes them cling together
*In one society... ***

A verdade é que a poesia, como a arte, religião e filosofia, foram postas de lado como desnecessárias à promulgação bem sucedida de uma ciência tanto em seu estado supostamente puro e absolutamente sagrado, como quando aplicada à atividade humana na qualidade do industrialismo da máquina.

Ao avançar o século, a ciência deixou sua intolerância de antes e ampliou seu campo para abraçar idéias de processo e organização que vieram a seu encontro de várias procedências. No entanto, o cálculo de Pasternak sobre o atraso do tempo nas atividades humanas explica como as idéias materialistas vieram a firmar-se tanto na sociedade a ponto de exigir uma revolução de igual grandeza para nos libertarmos delas.

Essas idéias mecanicistas criaram seu próprio ambiente em que pudessem medrar, e por volta do fim do século esse ambiente de subpopulação de escravos assalariados sem direção, alojados em vastos dormitórios de cortiços mecanicamente concebidos, entremeados com as "sombrias satânicas fábricas" de Blake constituía um problema em si mesmo que por seu peso e volume inclinava o futuro para soluções dependentes de volume e matéria. Na medida em que Manchester influenciou Engels podemos considerá-lo como um fator que contribuiu para o materialismo dialético e o que se sucedeu na Rússia na forma do comunismo materialista. Aquilo que oprimiu Pasternak é pouco diverso daquilo que nos oprime. A diferença ao menos é política.

(*) Em tradução literal: Uma vez que somos pó, o espírito cresce / Como a harmonia na música; há uma obscura / Inescrutável habilidade que reconcilia / Elementos dissonantes, unindo-os / Numa única sociedade.... (N. do T.)

A escala de um ambiente modifica a natureza do que lhe é exposto, e devemos pensar agora nos termos da maré montante do industrialismo, não apenas dentro de uma Europa em multiplicação, mas numa América em expansão sobre um vasto continente e condensada em cidades poderosas sustentadas por uma impiedosa economia de exploração industrial. A escala da coisa é magnificente, mas é em grande parte quantitativa. Talvez fosse mais verdadeiro dizer que sua qualidade energizante está sendo constantemente comprometida e corrompida pela operação de uma economia materialista que atua quantitativamente.

Temos de considerar agora um sistema destinado essencialmente a reproduzir artigos feitos a máquina em larga escala, como um sistema quase independente da ciência, mas que carrega por toda parte os sinais de sua origem na física de Newton. Contribui ele para um processo de crescente desenvolvimento intensivo dos recursos do mundo para abastecer populações cada vez mais numerosas, salvas da extinção pela ciência. Essas populações, como são numerosas, também podem ter a esperança de que a prodigiosa produtividade do sistema irá no momento, ou no futuro próximo, conduzi-las a níveis mais elevados de existência. Mas esta não é uma conclusão apressada [9].

Em cada aspecto pareceria haver motivo para regozijo; no entanto há algo errado. Apesar das provas de abundância, há falta de integridade.

A física de Newton prosperou por ter se restringido à matéria e energia e haver excluído a emoção. Um dos efeitos mais notáveis da vida moderna é a constante despersonalização do Estado, das atividades públicas e sociais e a substituição de coletivos — que os americanos com seu cinismo tão simpático chamam de "grupos cativos" — por sociedades. Esta demolição da personalidade é o *leitmotiv* do Dr. Jivago. Talvez seja a moléstia social de nossa época, e pode ser traçada até o clima engendrado pela ciência anterior, que foi tomada *en bloc* pelo século XIX como uma fé operan-

9. Parece que os países altamente desenvolvidos, os EUA em particular, estão se afastando dos menos desenvolvidos.

te, e embutida em nós pela atuação de uma economia da máquina que penetra em cada parte de nossas vidas.

Um dos subprodutos de tal visão de vida é a adoração da eficiência pelo que ela representa. A eficiência é a medida do resultado relativo ao esforço. Produz seu objetivo e sua emoção a partir da mecânica, à qual subjuga muitas outras considerações. É uma palavra típica do sujeito com mentalidade da máquina impingida à sociedade por um ambiente de máquina. Permite que os executivos levem a cabo políticas com precisão militar incontestável, beijando a vara que os açoita, como, no pior exemplo que conhecemos, quando um departamento do Estado nazista manejou dia após dia, com pequenos comentários e anotações cuidadosos usuais a todo serviço público em toda parte, e sem dúvida com uma ou duas piadas enviesadas a respeito, os arquivos correspondentes ao extermínio científico de cinco milhões de judeus. O processo de despersonalização, do qual isto é um exemplo, é a conseqüência do tratamento de problemas essencialmente humanos como se fossem experimentos científicos, programas industriais ou campanhas comerciais, e, caso eu esteja certo ao atribuir suas origens ao *tipo* do pensamento que emana da física de Newton, está sendo alimentado então por todo o ambiente de uma economia baseada na máquina e será intensificado, se formos ouvir Norbert Wiener, pelo desenvolvimento da maquinaria eletrônica da comunicação [10].

Num livro fascinante que, como evidencia o estranho jogo de palavras do título, é um estudo da sociedade através de sua comunicações, Norbert Wiener descobre muitas semelhanças entre a máquina e o homem, mas seu interesse é pela máquina e não pelo homem, e ele não possui uma idéia concreta de quais serão os efeitos possíveis de sua ciência da cibernética sobre a evolução ou a destruição da sociedade. "As mensagens, diz, entre o homem e a máquina, entre a máquina e o homem, e entre a máquina e a máquina, estão destinadas a desempenhar um papel cada vez maior." Isto é o máximo a que ele se aventura.

10. WIENER, Norbert. *The Human Use of Human Beings.* \nchor Books.

Os primeiros industriais, no prazer com que exploravam a natureza, não levaram em conta seriamente os seres humanos. Foi um pecado de omissão, se estamos dispostos a ser indulgentes. Mas com o raiar do novo século, à medida que a religião materialista tornava-se arraigada e as crescentes populações ofereciam campos mais vastos para a expansão dos impérios da indústria e do governo, a coisificação do indivíduo assumiu um caráter imperativo, e a noção de pecado desapareceu. Considerar pessoas como material de manipulação para os objetivos das grandes empresas ou grandes governos, ou da guerra total, tornou-se uma virtude.

Através da totalidade do processo, a máquina pode ser vista em funcionamento nivelando, codificando, tabulando e dispondo seu material na forma em que ela melhor pode tratar; atendendo primeiro aos objetos, buscando padrões, os mínimos denominadores comuns, coeficientes, aperfeiçoando-se por toda parte em novos campos. Mas por necessidade, advinda da própria natureza de sua capacidade reprodutiva, volta-se ao controle de suas demandas, à eliminação da competição, e finalmente à padronização da demanda pela restrição da escolha e educação de seu público consumidor através da persuasão, adulação e intimidação.

Aquilo que é permissível a um feirante em face dos fregueses reunidos à volta de sua banca — os exageros, as insinuações, a mentira rematada mas que ainda se pode demascarar, o piscar de olhos conhecedor, a piada maliciosa — torna-se uma impertinência e uma invasão de nossa própria sensibilidade quando assume as proporções de uma campanha nacional.

Marghanita Laski está certa, e eu a apóio, ao detestar a propaganda moderna e todas as práticas infames que se mantêm sob o disfarce do bem comum. Dado o poder da reprodução ilimitada e a independência da fotografia, é quase impossível que a propaganda devesse alcançar até mesmo o limiar da arte. Há anos atrás, Frank Pick da London Transport esforçou-se para se comunicar com o público através de uma série de cartazes nos quais artistas modernos, e McKnight Kauffer com muito sucesso, atracaram-se com seu meio de reprodução em cor e nos encantaram a cada novo cartaz que criavam. Desde então as pressões aumentaram e a arte decaiu. O bombardeio agora é incessante e nossos sentidos estão entorpecidos.

Dentre todos os "grupos cativos" dos quais a civilização se compõe, cada vez mais a classe dos publicitários, agentes importantes nesta guerra na civilização, são os que merecem compaixão, ou desprezo. No entanto, deveríamos estar prevenidos contra a nomeação de inimigos que são apenas o efeito de forças maiores do que eles próprios e às quais estamos sujeitos num grau maior ou menor, como pode ser verificado no exemplo da imprensa nacional que durante minha própria vida já sofreu profunda transformação em conseqüência da economia da máquina. Os jornais eram outrora locais, e surgiam da necessidade que uma comunidade tinha de informar-se sobre o que estava acontecendo à volta e em menor medida no mundo exterior. Tais jornais forneciam as notícias como um dever para com a comunidade e ofereciam algum comentário estritamente editorial.

Com o crescimento da comunicação e o aumento de população, a procura poderia ser satisfeita somente por um aumento na velocidade da impressão e a prensa rotativa foi inventada. Mas o capital necessário para custear a maquinaria, assegurar fornecimentos de papel e pagar salários crescentes estava além dos recursos locais. Isto resultou na fusão de jornais, e os anúncios representavam uma parte crescente da renda, revelando a atuação de uma Lei Gresham da comunicação, muita coisa por meio da qual mostrou o pouco que era (à medida que os jornais se inflavam para receber os anúncios ponto de um exemplar do *New York Times* poder confundir-se com um fardo daquilo que antes passava por um só jornal). Por fim, e naturalmente, o poder concentrou-se na luta de uns poucos, os assim chamados "senhores da imprensa", não pelos padrões de uma imprensa incorruptível, mas pela receita publicitária de imensos blocos de público a quem os jornais agora apelam com as lisonjas de entretenimento quase indisfarçados, sutilmente insultante, mas impessoal. Quem está aí no comando? Serão os senhores da imprensa? Ou é o mecanismo que os domina?

Mas o fato de a imprensa ser corrupta ou não está fora do problema principal, que é a universalidade da influência da máquina a destruir continuamente os esforços sempre renovados da sociedade para criar símbolos em sua própria imagem, fecundos ao invés de estéreis.

A vida moderna, dominada pela maquinaria da reprodução, tornou-se uma sucessão infindável de estímulos que nos alcançam através de nossos olhos e ouvidos, pelos jornais, rádio, televisão, vitrola, sistemas de comunicação pública etc... Obviamente é impossível atender a todos eles com igual intensidade, falta-nos para um grande número deles conhecimento ou interesse, e respondemos a eles relegando-os apenas a uma espécie de segunda consciência, amortecendo a nós mesmos a fim de fugir do seu grande número pela nossa própria adaptação ao processo para aceitar uma visão de vida que é fragmentada, pode-se dizer atomizada e de um valor decrescente. "A fotografia acostumou-nos à sua percepção insensível", diz Erich Kähler [11].

Assim, por exemplo, através dos modernos processos de reprodução de cores e texturas, estamos em contato com a melhor arte que o mundo produziu. Mas ora é Cézanne, ora Tiziano, depois a arte do cristianismo primitivo, a pintura nas cavernas, a escultura africana. Não há fim para isso, e enquanto o processo se multiplica seus estímulos diminuem, e isso termina numa fileira de livros fabulosamente produzidos, apertadamente alinhados numa estante contemporânea como símbolo de respeitabilidade de um tempo recente. O que sucede com a arte também sucede com a música, estado os clássicos do mundo em vã competição com a conversa cruzada da sala de estar ou o

11. Kähler, Erich. The Tower and The Abyss. Jonathan Cape, 1958.

zumbido do automóvel. Apenas a televisão nos mantém arraigados e destrói o sentido social no seu centro nervoso!

Sir Kenneth Clark, numa *Granada Lecture*, falou da dificuldade de transmitir idéias por meio da televisão devido à necessidade de simplificar as alusões das quais dependia a exposição de idéias, tolhidas desde o início por uma adulação penetrante que age tanto sobre a audiência como sobre o realizador e que é inerente à maquinaria da comunicação de massa, sendo apenas um outro exemplo da Lei de Gresham que menciono em ligação à imprensa e que I. A. Richards teme como um possível "colapso de valores" [12].

Não se pode deixar de perceber um defeito, um erro no âmago de todos esses instrumentos de reprodução, impossibilitando-os de serem educativos no sentido próprio da palavra, mas antes o contrário, apesar de seu valor evidente como entretenimento, que é um caminho seguro para os sentidos. A resposta deve encontrar-se no impulso para serem mais reprodutivos do que criativos, no fato de não haver comunidade no ciclo de espetáculo. Existe a atividade da reprodução a máquina, como no cinema, rádio e televisão; mas isto é recebido passivamente; não há um contato real, e o ciclo carece de organismo e consiste na verdade num outro efeito ao qual este capítulo está ligado.

Um dos obstáculos à crítica salutar é a crescente rigidez da vida superinstitucional que tem criado coletivos de pessoas aparentemente inteligentes — muito inteligentes dentro do limite do seu coletivo — que são no entanto incapazes de exercer uma faculdade crítica de qualquer natureza compreensiva ou reconhecer valia.

Pertenço a uma instituição agrupadora da profissão da arquitetura que, enquanto sou membro dela, ergueu uma alta barreira à volta de seu quadro social. Lutei para evitar a aprovação de um registro cuja primeira conseqüência foi transferir o controle final do

12. RICHARDS, I. A. *Principles of Literary Criticism*. Routledge and Kegan Paul, 1926.

20. Vista aérea da clássica Bath, retratando o aspecto urbano da última bem sucedida civilização inglesa, sustentada por uma forte estrutura social e servida por um sistema de construção e transporte cujo mecanismo foi perfeitamente assimilado.

21. Indústria, transporte e habitações em combate mortal por terreno. Desse caos competitivo não pode resultar mútua compreensão.

22. Intersecção de duas "vias expressas", leste do Los Angeles Civic Centre, Califórnia. As vias expressas são esplendidamente livres, num lugar onde tudo se confina.

quadro a um conselho controlado pelo Estado e ampliar a brecha entre a profissão já meio apartada do planejamento urbano e as de engenharia civil e estrutural. Lutei contra o registro porque a arquitetura é uma arte, e agora está claro que a situação exige grau maior de cooperação entre a arquitetura, planejamento e engenharia, e que o registro tornou-a menos possível. Ao afirmar tal coisa sei estar incorrendo de certo modo na temeridade de algo fora de minha profissão. Sinto o puxão do profissionalismo.

A arquitetura é uma profissão menos estorvante que outras, no entanto:

os perigos oriundos desse aspecto do profissionalismo são grandes, especialmente em nossas sociedades democráticas. A força diretriz da razão fica enfraquecida. Os intelectos liderantes carecem de equilíbrio. Eles vêem este ou aquele conjunto de circunstâncias mas nunca os dois juntos. A tarefa de coordenação é deixada àqueles que carecem ou de força ou de caráter para ter sucesso em alguma carreira definida. Em suma, as funções especializadas da comunidade são melhor desempenhadas e cada vez mais, mas *à direção geral falta visão*. A qualidade progressiva no detalhe apenas aumenta o risco produzido pela fragilidade de coordenação... a nova marcha do progresso exige uma força maior de direção se pretendemos evitar desastres [13].

Isto é sentido, naturalmente, na organização da vida urbana cujo estado em todos os países é causa das maiores críticas ao sistema sob o qual vivemos. Nos itens detalhados de sua atividade, na provisão de estradas, água pura, higiene, gás, eletricidade e assim por diante, há um alto nível de realização pormenorizada, mas no total há algo próximo do caos, uma falta de coordenação decorrente do fato de vivermos permanentemente cercados de deslocamento e atrito, um reflexo da fragmentação da vida à qual somos tão constantemente submetidos pela imprensa e quase toda forma de divertimento e educação.

13. WHITEHEAD, A. N. *Science and The Modern World*, Cap XIII.

Produzimos, por exemplo, os mais elaborados e meticulosamente exatos mapas de levantamento oficial da aridez caótica que chamamos de cidades. A fotografia aérea possibilita-nos fazê-lo melhor e mais rápido. Mas somente agora começamos experimentalmente a ver o que fazer com a cidade, pois aquilo que podemos fazer é um reflexo de nosso pensamento, e ainda não estamos livres.

Há poucos anos atrás, vi-me certa vez entre duas telas na Melbourne Art Gallery. Eram cenas ribeirinhas, uma de Constable, outra de Turner, e eu estava tão absorto nelas, num estado de feliz aceitação daquilo que tinham a me dizer em termos de harmonia e bondade, que fiquei a cismar sobre como deveria ser a vida numa época pré-industrializada. Com sua imagem ainda em mente, saí à rua, e foi como se tivesse recebido um tapa na cara pela dissonância desta, pela perspectiva louca dos postes de luz, linha da rua recortada e descontínua, dura insensibilidade das superfícies imediatas do caminho, calçamentos e edifícios, fundo de elementos urbanos desorganizados.

Há ruas piores em Melbourne, que é uma cidade espaçosa, cheia de possibilidades de redenção.' Diria, com referência a esses dois quadros, que seus cidadãos fizeram uma avaliação real, que para eles — são obras de arte de qualidade elevada — mas, com referência à cidade como um todo, não se trata de uma obra de arte e não pode sê-lo até que seus cidadãos consigam avaliar a arte acima do materialismo, a harmonia acima da dissonância. A medida que o fizerem a cidade se tornará bela.

Essa feiúra das cidades, sua desarmonia, apresenta evidência extraída da superfície da vida contemporânea acerca da natureza enferma daquilo que acontece por baixo dela, exemplificando a elevação do objeto acima de sua referência humana e descrito com bastante adequação como um aspecto do materialismo.

Em minha vida de trabalho como arquiteto estou em constante conflito com uma especialidade insensata que vai em busca de sentido nos campos de engenharia subsidiários à arquitetura. Existe, por exemplo, uma assim chamada ciência iluminação que, em sua busca de um ideal ridículo de iluminação total, nos leva a despender muito equipamento e eletricidade, numa competição inútil com a luz do dia, com a qual nunca poderia ser comparada. Visa eliminar a sombra como se fosse indecorosa como o sexo, sem perceber que a sombra revela a forma e que sem contraste não há definição ou valor. O mundo em que vivem esses tecnocratas não tem lugar para o valor, mas nas atuais circunstâncias da educação tecnocrata esse é um mundo em expansão.

A ciência da acústica vai fornecer um salão de concertos em que cada nota de cada instrumento se transporte límpida até o último assento, como no Festival Hall de Londres, e mesmo assim, ainda falta ressonância. No velho Queen's Hall, e no antigo Philharmonic Hall em Liverpool, onde ouvi toda minha música inicial, a construção era de tijolo, madeira e argamassa fibrosa, e as formas arquitetônicas eram puramente retilíneas. Também a plataforma onde a orquestra tocava era de madeira ajustada ao chão, às frisas e galerias, de modo que tudo era contínuo e em conseqüência o auditório recebia não apenas as notas que vinham das superfícies à volta numa precisão matemática, mas havia som por toda parte; o lugar inteiro estava cheio de som; melódico, refletido, reverberado; vibrava com o som; era como um verdadeiro violino e quando os contrabaixos tocavam seu grave este passava pelo tablado até nós e nós recebíamos tudo.

Lembro-me de ter sido levado para uma volta pela Radiohaus de Copenhague por seu arquiteto genial... e de entrar numa pequena sala de concertos. "Veja", disse ele, "as aberturas acústicas, operadas eletricamente, que nos permitem controlar a extensão da reverberação para música de câmara, música suave ou *jazz*. Maravilhoso, não?" Elas foram reguladas para música de câmara quando a sala foi terminada e, pelo que sei, nunca foram alteradas desde então![14] Ele acrescentou com um sorriso: "Nós, di-

14. Pude construir, num país que não me amolou com regulamentos, uma Câmara Legislativa envolvida em madeiramento encadeado que fornece acústica ao nível de conversação sem qualquer apelo a recursos eletrônicos.

naçmarqueses, não somos tão dolorosamente sensíveis".
Mas note-se o cinismo.

Apesar dos mais proeminentes fracassos acústicos, estamos construindo e vamos construir mais teatros e salões de concerto, ampliando o processo — um processo semicientífico — para incluir aquilo que escapa ao cálculo de superfície e toca as raias da apreciação do valor real. É preciso no entanto que se perceba como é difícil, competindo com incêndio e outros regulamentos e com os materiais de preferência inorgânicos, e projetando para audiências em massa, conseguir condições realmente favoráveis à música.

Esses exemplos se encontram no limite do assunto e apenas indicam o clima de opinião em que são tomadas pequenas e grandes decisões, e em particular o respeito pelas coisas e fatos mecânicos acima da observação direta e de uma referência mais ampla. Em tudo isso a falha repousa no emprego incorreto da física e a confiança na investigação e dedução especializadas, porém parciais. O sistema em sua incalculável produtividade aumentou em toda parte o nível material da vida. Suas conseqüências mecânicas são mais perceptíveis porque a maioria delas produz alguma espécie de ruído, desde o bufar e arfar e o apito matutinos das locomotivas de estrada de ferro ao ruído ensurdecedor dos carros e o zumbido dos geradores. Mas nos campos da medicina e genética, por exemplo, o feito não é menor: onde quer que a ciência dirija sua mente indagadora e calculista, a natureza entrega sua potencialidade para aumento. Sua conquista mais dramática está no campo do transporte mecânico. Durante centenas de anos a velocidade do movimento ficou atrelada ao cavalo, e em estradas macadamizadas as carruagens habilmente desenhadas atingiam velocidades até dez a quinze milhas por hora, o que chocou De Quincey. Poucos anos depois, o desenvolvimento das locomotivas a vapor chegou até setenta a oitenta milhas por hora, um aumento fenomenal mantido por três quartos de século e subitamente ultrapassado pela aviação, cujo progresso sob a pressão de duas guerras fez o gráfico subir como um foguete, foguete ao pé da letra, além da barreira do som e na direção da lua.

Podemos deixar a lua cuidar de si mesma enquanto reparamos nos efeitos do transporte rápido aqui na terra.

A atenção popular está tão inteiramente concentrada nos meios de transporte — trens, navios, automóveis e aviões — que é quase impossível dirigir a atenção para o processo inteiro do qual constituem uma parte. Entretanto, em termos da ciência moderna eles não poderiam ser considerados existentes sem as circunstâncias ambientes, que não apenas os tornam possíveis, mas prolonga sua utilidade quando devidamente adaptados.

Desse modo as estradas de ferro na Inglaterra foram criadas de início para trazer o carvão das minas para a indústria e as cidades. Tal foi o ciclo básico que justificou seu desenvolvimento e permitiu uma procura em expansão e mais variada. Como sabemos, eram desenvolvidas de um modo unilateral e inteiramente materialista, servindo a seu objetivo básico apenas de um modo geral e, devido à falta de cooperação entre interesses rivais, a grande custo; mas em outros lugares destruindo a bela estrutura da vida urbana do século XVIII como se nada valesse. A ponte da estrada de ferro Charing Cross é um monumento ao sistema: é uma peça de engenharia brutal em si mesma; apaga uma das mais belas curvas do Rio Tâmisa de um só golpe. Foi preciso alguém tão obstinado como George Bernard Shaw para dizer algo de bom a seu respeito.

Estradas de ferro ocupam muita área, e suas limitações como sistema de transporte impõem uma carga de trabalhos em grande escala que, para se reconciliarem com o caráter doméstico predominante em qualquer cidade, exigem habilidade e maestria. Mas a reconciliação nunca foi possível e à medida que o vapor, a fumaça e a sujeira foram banidos, ela se tornou cada dia mais fácil de ser realizada. O que a impossibilitou foi a limitação de engenheiros ferroviários amparada pelo materialismo radical do público que não via ligação entre o desenvolvimento da estrada de ferro e a criação de uma vida urbana equilibrada e agradável (Fig. 20).

O século XVIII alcançou tal estado que supomos ter sido a última civilização bem sucedida que conhecemos na Inglaterra, sustentada por uma firme estrutura social com liderança, e servida mas não dominada por sistemas de construção e transporte cuja maquinaria era entendida por completo.

Comparada a esta civilização, o ciclo do qual as estradas de ferro constituíam parte, foi deslocado onde quer que tenha entrado em contato com a estrutura social e urbana, e nunca pode ser visto como tendo funcionado com qualquer grau maior de harmonia. Nos países que desenvolveram suas estradas de ferro mais tarde que a Inglaterra, e onde, como na Suíça, logo foram eletrificadas, a reconciliação entre a forma singular de transporte e o corpo das cidades foi mais completa, e é notável que tais países fossem capazes de melhorar e modificar seus sistemas e seus terminais de cidade com maior facilidade do que nós.

O caso do automóvel é paralelo ao das estradas de ferro. Mais uma vez a atenção do público é concentrada no próprio carro, negligenciando todo o processo ou ciclo do qual o carro constitui uma parte. Do mesmo modo como construímos estradas de ferro para o metrô fora de Londres sem levar em conta as potencialidades de planejamento em termos de novas comunidades estabelecidas numa área de agricultura, e do mesmo modo que deixamos que isso se arranjasse por si próprio nas mãos de força competitiva que gerasse, assim também deixamos à solta uma massa crescente de carros nas estradas da cidade e do campo e só aos poucos começamos a ver a ligação entre os dois, mas ainda assim continuamos a ver pouca ligação entre o carro como um agente de transporte rápido e a idéia de uma vida desejável tanto nas cidades como no campo. As primeiras conseqüências da motorização popular foram aumentar e nivelar o alastramento da cidade, que são aquilo que se poderia esperar. Os subúrbios reuniram-se à volta das estações ferroviárias; o carro onipresente distribuiu o volume.

Esse fenômeno pode ser visto nos Estados Unidos numa escala que atrofia qualquer idéia de comunidade social. Os subúrbios automobilísticos de Detroit, que atravessei uma vez em busca de Mr. Saarinen, era uma região de centenas de milhas quadradas de área exploradas com uniformidade por uma população uniforme de tecnocratas, habitando casas uniformes distribuídas numa paisagem plana de monótona indistinção, mas rigidamente atravessada por magníficas estradas alinhadas com anúncios. Era um caos disforme acrescentado ao nada, que se repetia por toda parte dos EUA, e atingindo seu apogeu nas infindáveis regiões urbanas da Califórnia (Fig. 21).

Ora, a esse padrão indistinto de ocupação humana — de que outro modo poderia ser chamado? — a estrutura de engenharia de transporte rodoviário é imposta na forma de poderosas auto-estradas, afundadas ou mais usualmente elevadas acima do solo em projetos belos em si mesmos na medida em que respondem com amor às exigências dos carros de alta velocidade, mas de um modo inteiramente fora de escala em relação a qualquer comunidade concebível no solo, e deixando o indivíduo inteiramente de fora. A sobrecarga da comunidade em termos de dinheiro é extraordinária, mas as outras cargas ainda estão para ser impostas.

O quadro diante dos olhos do viajante honesto não confundido por predileções de tecnocracia — e gosto de me imaginar em companhia de Henry Adams de Boston, pelo simples prazer disso, e como se fosse uma certa medida de proteção face aos mais fanáticos sustentáculos do *american way of life* — o quadro apresentado pelos fatos da paisagem é composto por um padrão uniforme de ocupação humana no solo, desinteressante porque indistinto; e por uma estrutura gigantesca, poderosamente imponente, muitas vezes bela em si mesma, escarranchando o padrão entre distantes pontos de referência de junção com o solo e dominando-o compeltamente.

Aqui se pode vislumbrar algo mais do que o verdadeiro ciclo do carro a motor; mas não o suficiente, pois, tendo atingido a extensão uniforme de ocupação humana e a canalização de tráfego que a natureza do veículo exige inexoravelmente o poderoso fluxo é decantado de volta ao padrão, e entre a pista de corridas da auto-estrada, o amontoado da cidade, e a estagnação social do subúrbio, um estranho tão imperturbável quanto Adams poderia presumir que o próprio homem não estava no controle da coisa. Isto parecia ser algo admitido pelas autoridades do planejamento da cidade de Nova York com sua extrema densidade de população, seus metrôs sobrecarregados, a estrada de ferro falida e sua estrutura de auto-estradas tão enfática servindo a tão pequena parte do desafogo diário de sua população trabalhadora. É possível inferi-lo de maneira não menos clara da estrutura colossal do plano de Kenzo Tange para a grande Tóquio.

Por toda parte no mundo começamos a compreender que existem tetos para a expansão humana, e talvez longe do fato de ser esta uma era explosiva à qual os jornais gostam tanto de se referir, pode ser o início de uma contenção na qual poderá encontrar finalmente a forma que deveria assumir. Suas atividades são decerto das mais explosivas mas esse poder de explosão é unilateral e mais espasmódico do que antigamente. Em Cabo Kennedy, os Estados Unidos despendem seu tesouro numa corrida espacial para a lua contra a Rússia enquanto Nova York pela primeira vez na sua história tem falta d'água. As populações da Europa são impelidas para níveis de produtividade e afluência americanos enquanto metade do mundo, inflada de números inúteis pela ciência aplicada, enfrenta a fome.

O teto-limite mais óbvio e aquele para o qual a sociedade é mais avessa a dar sua atenção, é nossa capacidade de manter o automóvel para o que acabei de me referir. Isto acha-se amplamente descrito na única obra sobre o assunto que até considera o problema de valores como estando posto do lado da conveniência, expansão e idéias antiquadas de progresso.

Traffic in Towns de autoria de Colin Buchanan tenta definir um teto para a posse de carros na Grã- Bretanha por meio de uma definição de padrões ambientais salutares, mas feito isso, e aplicado o fluxo decrescido a uma seleção de cidades grandes, pequenas, históricas e altamente concentradas, as conseqüências ainda são anti-sociais, astronomicamente dispendiosas e geralmente irrealizáveis. A sua aplicação de princípios de engenharia rodoviária, que constituía um traço proeminente de seu relatório, foi realizada em Liverpool por Graham Shankland naquilo que só posso considerar como a subversão de tudo o que sobrou de coerência cívica após o desastroso bombardeio da última guerra.

A cidade, expandindo-se do seu núcleo do século XVIII baseado na Pitt Street, nunca ajustara com êxito a escarpa de arenito que se estende de Everton à área de Huskisson perto da catedral. Era o tipo de situação que exigia uma faixa aberta para marcar a divisão de interesses entre as atividades comerciais e administrativas e as residências, mas, na verdade, a expansão foi geral e indiferenciada, exceto por uma estreitíssima cunha de obras do século XVIII, salvando-a a escarpa da indignidade final por dirigir a principal estrada de ferro até a heróica empreitada do corte e túnel de Lime Street, praticado através da pedra maciça de ponta a ponta.

A divisão da cidade agora vai ser efetuada por gigantescas auto-estradas, em grande parte elevadas e atravessando-a com destinos regionais distantes, todos partindo da boca do túnel Mersey; e insisto que tal coisa não é a razão de ser de uma cidade, embora possa ser bastante lógico que seja aquilo a que a tenhamos levado.

Mas, a simples menção desses tetos como algo presente é considerada perigosamente derrotista, e daí surge uma atitude mental que a mim pareceria, inconscientemente ou não, abrigar-se por trás de uma barricada desconjuntada de ciência de segunda mão contra o furioso ataque da realidade. É um fenômeno curioso, que assombra as margens de minha própria profissão. Mas é suficientemente difundido a ponto de constituir um corpo de opinião pretensamente amorfo, embora temível, que é conduzido pela esperança de uma lógica que se possa encontrar para penetrar até o âmago do processo criativo, desmontando o artista intuitivo de sua arrogância, e liberando o templo para o regozijo do homem sensato.

É o mesmo tipo de esperança que vê o computador como algo capaz de assumir o lugar do homem, e que goza entre o público em geral de um apoio que pareceria quase incompreensível em face dos fatos não fosse isso típico da espécie de pensamento pelo qual oscila a opinião da massa. Se o sentimento sussurrava: "Viver é sentir a si próprio limitado, e portanto ter de contar com aquilo que nos limita" [15], a voz mais recente grita: "Viver é não sofrer qualquer limitação e por conseguinte abandonar-se calmamente a si mesmo, e praticamente nada é impossível, nada é perigoso, e em princípio ninguém é superior a ninguém".

I. A. Richards, em seu livro *Principles of Literary Criticism* [16], fala sobre a necessidade de uma "posição defensável para aqueles que acreditam que a arte tem valor". Só uma teoria geral do valor que mostre o lugar e função das artes no sistema inteiro de valores, há de fornecer tal bastião. Ao mesmo tempo precisamos de armas com as quais possamos repelir e derrubar nossas concepções errôneas, pois, com o aumento da população, o problema apresentado pelo abismo entre aquilo que é preferido pela maioria e o que é aceito como excelente pela opinião mais qualificada tornou-se infinitamente mais sério e parece provável que se faça ameaçador no futuro próximo. Por diversas razões os padrões têm maior necessidade de defesa do que costumam ter. Talvez seja prematuro imaginar um colapso de valores, uma transvaliação pela qual o gosto popular substitui a discriminação adestrada (Fig. 22). No entanto, o comercialismo tem feito coisas mais estranhas. Ainda não sondamos as mais sinistras potencialidades do cinema e do alto--falante.

15. ORTEGA Y GASSET. *The Revolt of the Masses*. Allen & Unwin, 1951.

16. RICHARDS, I. A. *Principles of Literary Criticism*. Routledge, 1926.

Minha insatisfação com a oferta de C. P. Snow de reconciliação entre arte e ciência surgiu desta falha em definir qualquer teoria geral de valor nesse gênero, na qual tanto a arte como a ciência pudessem encontrar um lugar e função, e isto me foi provado com lamentável segurança pelo feroz ataque contra Snow feito por F. R. Leavis.

Este capítulo procurou traçar a ascensão do industrialismo desde sua origem nas descobertas científicas do século XVII como o clima cambiante em que a arquitetura e o planejamento têm sempre operado. O colapso de uma sociedade integrada, que se seguiu rapidamente à Revolução Industrial, que vimos fielmente espelhada numa arquitetura desarticulada, amputada das artes de maior estrutura, e estas por sua vez a degenerar sob a pressão do industrialismo em processo de transformação e sob a pressão do aumento de população. No que tal transformação redunda talvez seja a chave para nossa situação, uma vez que minha objeção à prática de ciências de segunda classe é exatamente o mesmo problema que perturba I. A. Richards na literatura. Sou atacado devido a minha arrogância em ater-me, embora modestamente, às certezas da arte, exatamente do mesmo modo que Leavis suspeitou de que ele e seu semelhante estavam sendo atacados por Snow. Talvez sejamos as vítimas da Lei de Gresham aplicada à cultura.

Seja como for, há prova em abundância para o aviso de Sir Geoffrey Vickers quanto ao "Fim da Queda Livre" [17], nunca tanto como no aparecimento pela primeira vez na longa história de tetos-limite de possível restrição.

De modo algum esgotei o assunto, pois é necessário nos capítulos seguintes traçar com alguma minúcia a evolução de uma arte da arquitetura tão intimamente associada ao ambiente completo que, na falta de um novo nome para ela, deixo que mentalmente lhe seja conferida a amplitude que ela merece. Vamos então

17. "End of Free Fall", palestras gravadas, publicadas no *The Listener*, outubro e novembro, 1965.

encerrar com uma citação de um programa radiofônico de Erich Heller, na qual ele discutia a transformação do significado entre a história original do Dr. Fausto e seu tratamento posterior nas mãos de Marlowe: "Foi uma estupenda revolução, gloriosa e absurda" (refere-se à Revolução Industrial). Suas glórias não precisam ser lembradas. Estão expostas em nossas universidades, nossos teatros e museus de arte e ciência.

Mas as conseqüências absurdas infelizmente nos perseguem ainda com vivacidade cada vez mais aguda. Pois ganhamos vida, e ganharemos a morte, com base no espírito faustiano outrora triunfante, agora no estágio de sua degeneração. O Piccolo Fausto assumiu o domínio do mundo da mente. Onde quer que veja uma avenida, irá explorá-la — a despeito da trivialidade ou do desastre a que ela conduz; onde quer que veja uma possibilidade de um novo ponto de partida, há de adotá-lo, a despeito da desolação que deixa atrás. Está tão inseguro do que *deveria* ser sabido que chegou a abraçar uma disparatada superstição; tudo que *pode* ser conhecido é também um *valor* que merece ser conhecido — inclusive aquilo que é manifestamente sem valor. Já somos incapazes de ver o bosque em lugar das árvores do conhecimento; ou a selva tampouco. Escravos de galé no viajar sem rumo, do vento livre, confundimos nossa curiosidade incontida, o sintoma alarmante do tédio espiritual, pela paixão científica. Muito do que brota hoje em dia como "ciência", disse Kierkegaard, não é ciência mas indiscrição; ele e Nietzsche disseram "que a ciência natural irá maquinar nossa destruição".

...Há uma ligação entre a ameaça de aniquilamento atômico e aquele vazio espiritual, com o qual a mente da época tem estado fascinada por tanto tempo, entre o suicídio universal e a recém-descoberta danação do Dr. Fausto: um universo que, como disse um filósofo que conhecia sua ciência, é "uma questão entediante, apenas a precipitação do material sem fim, sem sentido".

"Não importa como esteja disfarçado", escreveu Whitehead, "este é o resultado prático da filosofia característica que encerrou o século XVII" — e que pode muito bem encerrar o século XX, como infelizmente somos obrigados a acrescentar, com um resultado ainda mais prático do que o ousado ardil do Dr. Fausto para burlar o Diabo criando um Inferno próprio.

5. OS ANOS DE PRÉ-GUERRA

As origens da arquitetura moderna estão obscurecidas por uma esfoliação em massa do materialismo do século XIX. Os movimentos de revolta contra ele — a denúncia contínua feita por Ruskin na Inglaterra, a sólida realização do arquiteto Sullivan em Chicago — foram destruídos por uma onda de otimismo animal em esferas de influência secundária cuja relação com nossa atual conjuntura só a paciência de um estudioso é capaz de reavaliar.

Repetidas vezes, na Inglaterra, a causa contra o sistema foi apresentada com o máximo de imaginação e eloqüência — com alternativas elaboradas minuciosamente e exemplificadas por modelos em escala inteira, com o apoio numa parte influente da população — e a denúncia falhou; ou, até o ponto em que teve êxito, serviu apenas para desviar o desenvolvimento de um progresso promissor. Caberia talvez pensar que a Inglaterra, sendo ao mesmo tempo o berço do industrialismo e das contramedidas de melhoria social necessária para enfrentar as piores conseqüências deste, poderia ter encontrado os meios de ligar a arte com a indústria. Mas tal não foi o caso.

Os vitorianos acharam que já haviam feito uma fusão satisfatória de ambos na Grande Exposição de 1851, mas, embora o Palácio de Cristal de Paxton expusesse brilhantemente o sistema de construção industrializada com base num módulo repetido de componentes fabricados, as amostras indicaram quão pouco foram compreendidos tais princípios. Na realidade, os vitorianos procuraram suprir as necessidades de uma plutocracia triunfante saqueando o mundo e cada período da história em busca de modelos para copiar, e eram, do ponto de vista artístico, despidos de valor.

Se a Inglaterra estava tão mergulhada em auto--satisfação não poderia a tocha ter passado para a América do Norte, a pátria do áspero individualismo e do penetrante espírito pioneiro? E assim pareceu ser no tempo em que Louis Sullivan estava construindo o Auditorium, e as lojas Carson e Pirie Scott em Chicago. Mais uma vez a época recebeu uma clara exposição do liame entre a arquitetura e o método industrial em edifícios que comunicavam o espírito de uma nova arte em termos compreensíveis, e os rejeitou. Sullivan morreu pobre, vivendo da caridade de seus contemporâneos inferiores, e a América do Norte adotou sem mais o tratamento arquitetônico das *Beaux Arts,* que viu em quantidade na Feira Mundial de Burnham, em Chicago, e de que imediatamente gostou, repelindo para a rusticidade da pradaria o único aluno brilhante de Sullivan, Frank Lloyd Wright. Daí por diante não soaria mais nenhuma voz profética no estrépito do progresso norte-americano.

Na Inglaterra, nem Ruskin nem Morris estavam em condições de apreender a natureza ou poder daquilo contra o que lutavam e conduzi-lo com firmeza em direção a uma harmonia com as circunstâncias em evolução. A partir de um maior conhecimento da mecânica do industrialismo, Karl Marx fez uma avaliação mais acurada do problema, mas, ainda assim, em suas deduções essenciais, esteve longe do alvo.

Aquilo que então importava, como ainda importa agora, era o clima emocional da época, e no fim do século, tanto na Inglaterra como na América do Norte, esse clima era o de uma época assaz despendedora de pôr um preço na arte de qualidade, e a fazer de todo estilo arquitetônico uma mercadoria que poderia servir para encobrir com véus substanciais as origens industrais da riqueza. Era a época celebrada por Henry James e Arnold Bennett, a época de Cecil Rhodes, Kipling, Rockefeller e Duveen.

Estou com Teilhard de Chardin na crença de que as grandes mudanças têm de esperar por um acúmulo de forças antes que possam romper as barreiras das convenções estabelecidas. Claro que é fascinante formular uma cronologia do progresso e ver um movimento levando a outro e assim até uma inevitável florescência final, mas não acredito que isso aconteça assim. Há surtos que baixam e esmorecem. Há movimentos que são desviados e deformados. E carecem de um poder gerador real até que, de repente, há suficiente material combustível revolucionário e o curso torna-se imediatamente definido.

Uma grande porção do trabalho preparatório — o acúmulo de exemplos estruturais, de método industrializado, de novos materiais — foi efetuado por engenheiros. Haviam eles realizado grandes feitos no início do período como artistas-engenheiros de esplêndida coerência, mas pelo fim do século eram os sumo-sacerdotes inconsagrados de um sistema que influenciou a vida em aspectos muito diversos e no entanto não conseguiu conferir-lhe uma forma aceitável ou mesmo definitiva. Na verdade, muito do que fizeram, e fizeram tanto, por causa dessa falta de objetivo humano que agora estamos em posição de explicar, foi destrutiva na forma.

Precisaram de alguém como Tony Garnier, que em 1906 criou o primeiro modelo detalhado de uma comunidade industrial, para lhes dizer que aquilo que estavam planejando era capaz de adequar-se às linhas de crescimento harmonioso com as circunstâncias do meio, e assim era inerentemente belo. Garnier foi dos primeiros a sugerir uma forma na qual o industrialismo pudesse florescer, uma síntese favorável à indústria e à arte simultaneamente. Por outro lado, aquilo de que os arquitetos necessitavam era algo que pudessem manejar, e isto foi inventado e desenvolvido para eles, por Hennebique e Coignet na década de 90, na forma do concreto armado, utilizado com grande ousadia e habilidade pelo engenheiro Freyssinet e pelo arquiteto-engenheiro Auguste Perret, ficando pronto por volta da década de 20 para adaptação geral como o material revolucionário. Sei que quando comecei a cogitar do assunto na virada dos anos 30, tratava-se, sem dúvida, do material por meio do qual podíamos expressar melhor a forma das idéias que o movimento já havia tornado correntes na Europa. Pouco se sabia sobre o concreto armado quando cheguei a meus primeiros edifícios modernos; apenas o suficiente para compreender que era o único modo de liberar-se e que continha o dinamismo de um mundo novo.

Isto também não quer dizer que só o concreto armado possibilitou a arquitetura moderna ou que Gropius não teve antecessores. Não é dizer que Sullivan em Chicago, na década de 90, não tivesse uma visão clara das possibilidades de sua arte dadas as circunstâncias favoráveis; ou que Otto Wagner em Viena, Berlage ou Van der Velde na Holanda, não fossem os precursores de Gropius. Mas cumpre registrar que a concepção de arquitetura de Burnham provou ser mais do gosto de Chicago do que a de Sullivan, tornando-se um negócio por demais entrincheirado para que o discípulo deste, Wright, pudesse combater; e que as idéias dos expoentes europeus do modernismo pouco avançaram até que circunstâncias realmente favoráveis encontrassem em Walter Gropius o seu intérprete.

Quaisquer que tenham sido os antecedentes do movimento arquitetônico moderno e as divergências posteriores a sua forma original, nasceu, como **Panta-gruel**, enformado por completo no cérebro de Walter Gropius, quando erigiu a Bauhaus como seu primeiro instrumento de realização. Ele havia construído o célebre Edifício Fagus em 1911 (Fig. 23), no qual foi elaborada em definitivo a parede industrializada de aço e vidro, e levara a idéia um estágio avante em seu edifício para a Exposição da Werkbund, Colônia, em 1914. Não lhe faltou tempo para reflexão — que a Primeira Guerra lhe deu em quantidade — para ver, na medida em que qualquer pessoa podia ver então, todo o alcance e profundidade daquilo que pretendia.

A Bauhaus poderia ser descrita como uma escola de arte e artesanato industriais. Aquilo que Gropius herdara de Van der Velde tinha mais arte e artesanato do que qualquer outra característica. Ele a industrializou no sentido de inseri-la num contexto industrial com uma carteira sindical de trabalhador mais do que um diploma no fim, e de operá-la como um experimento essencialmente funcional dentro do que estava se tornando um mundo cada vez mais teórico, como o próprio nome implica. Parecendo uma fábrica requintada, equipada com maquinaria e ferramentas modernas, bem como um programa de projetos para utilizá-las adequadamente, a descrição não corresponde nem aos objetivos nem ao sistema de pesquisa e experimentação, através dos quais eles foram atingidos (Fig. 24).

Ninguém mais tinha a mesma apreensão intelectual da situação, a percepção real da indústria, a visão despretensiosa e ímpar da idéia de trabalho, uma moralidade em tanta harmonia com as disciplinas associadas. Poucos dos arquitetos contemporâneos refletiram no que implicava na verdade a fusão proposta com a indústria. Coube a Walter Gropius fazer realmente essa reflexão. Assim como Cromwell lutou com seu demônio na busca de seu instrumento de poder e na formação de seu Exército Modelo, também Gropius lutou para encontrar por fim na Bauhaus o instrumento para golpear fundo no âmago do cancro europeu.

A Bauhaus foi fundada em 1919 com o objetivo de realizar uma arte arquitetônica moderna que como a natureza humana foi destinada a abranger tudo em seu raio de ação... concentrando-se primeiramente naquilo que agora se tornou um trabalho de necessidade imperativa — evitando tornar a humanidade escrava da máquina, por resguardar o produto em massa e o lar de uma anarquia mecânica e por restaurá-los em seu objetivo, sentido e vida... [1]

Ainda melhor:

Aquilo que a Bauhaus pregou na prática foi a cidadania comum de toda forma de trabalho criativo, e... sua interdependência no mundo moderno... Nossa ambição foi a de despertar o artista criativo de seu mundo à parte e reintegrá-lo no corriqueiro mundo das realidades, e, ao mesmo tempo, alargar e humanizar a mentalidade rígida, quase exclusivamente material, do homem de negócios.

Ninguém pode duvidar de que esta proposta de casamento à indústria — pois Gropius pusera fim ao diletantismo ao estabelecer a Bauhaus com o seu bilhete de entrada vinculado à carteira do sindicato — era o que a Europa precisava para unir as correntes divergentes e restaurar a arte numa função operante no corpo de toda a cultura européia. Provavelmente ele a considerou pelo lado inverso; a arte como meio de dar um certo propósito e um emprego honesto de trabalho para a indústria, como na época era possível fazer. Pois devemos lembrar que a Primeira Guerra Mundial dividiu a Europa em duas maneiras de viver, como está minuciosamente descrito por Thomas Mann, com quem Gropius se assemelha na sua capacidade de combinar amplitude com detalhe.

Antes dessa guerra a Europa ainda era semifeudal, conduzida em carruagens, dividida entre os ricos a manter sua dança formal e os pobres que começavam a interrompê-la. O Tesouro Britânico contava talvez duzentos e cinqüenta pessoas, incluindo contínuos; a

---

1. Gropius, Walter. *The Scope of Total Architecture.* George Allen and Unwin, 1956. Trad. bras. *Bauhaus: Novarquitetura,* Ed. Perspectiva, Debates 47.

indústria na Alemanha era compacta, reservada e pessoal; a publicidade era amadora e a imprensa, ainda local; a população a ser dizimada pressentia um declínio; uma situação compreensível e abordável.

E Gropius era um homem de "antes da guerra". Tivera um aprendizado com Peter Behrens, um novo homem trabalhando no interior de um dos novos grupos industriais compactos, na mesma qualidade que Gropius estenderia mais tarde para dar cobertura a todo o campo.

Daí eu deduzo tratar-se de uma situação manejável capaz de ser permeada de um novo conjunto de idéias, mas que, por comparação à atual, ainda não revela sua verdadeira identidade.

Tampouco pode ser dito que a Bauhaus preencheu todo o campo visual de Gropius. Concentrou-se primeiramente, como ele disse, em "resguardar o produto em massa.... da anarquia mecânica" trazendo o artista, por assim dizer, para o torno mecânico, e aí esfregar o seu nariz. Mas, do outro lado da balança, encontrava-se o planejamento de cidades e foi o seu alcance que desde o início me comoveu em relação a Gropius.

A rígida, descomprometida, textura do edifício da Bauhaus, que percebo agora haver inspirado minha imagem cromwelliana, era um rigoroso exercício no método industrializado. Não era apenas aparência. *Era* o sistema em processo. E não muito longe dali, estava Gropius levando a cabo experimentos em escala plena na construção de casas pré-fabricadas nos termos agora reconhecidos como logicamente operantes. Mas o que o levou por fim a prosseguir no impulso que lhe imprimira foi o claro apelo para resolver problemas maiores de planejamento urbano com o emprego da perspectiva e metodologia da Bauhaus. Nisto ele era um entre vários outros, mas fosse o que fosse eu o vejo como um grande e grave Toscanini com sua orquestra, e não sem uma pancada ou duas da batuta no pódio, reprimindo a extravagância, reduzindo o excesso e contribuindo para o estabelecimento de um modelo tão grandioso de um verdadeiro mundo aristocrático de ordem industrial como o que o mundo viu a seguir.

Se formos criar à semelhança da indústria, devemos então extrair da indústria a virtude de sua ordem inerente e através da arte humanizá-la e dignificá-la. Tal ordem não é essencialmente complexa; não é essencialmente diferente dos tipos de ordem reconhecidos pelos romanos; mas é uma ordem de economia, principalmente uma ordem direta na qual a repetição é uma virtude óbvia. Ter alimentado essa virtude em termos de alta arquitetura foi a realização de um grupo de arquitetos em Weimar, Alemanha, que produziu os famosos *siedlungs* de Berlim, Frankfurt e outros lugares; os Bruno Taut, os Ernst May, os Hans Scharoun e outros que trabalharam com eles para assentar as fundações de uma arquitetura moderna absolutamente funcional.

Herbert Read [2] salientou a similaridade entre o grande arrojo desses projetos habitacionais e os pequenos mecanismos da indústria, e na verdade eram de uma só peça saindo do mesmo bloco; mas a semelhança termina com a vista aérea, a grande impostora. No solo essas belas e sóbrias disposições em blocos de acessíveis moradias humanas foram vestidas de uma arte de tamanha escala e grandeza que, comparativamente a nossas novas cidades na Inglaterra, parecem uma travessura de criança. No estúdio de Peter Behrens numa mesma época havia três homens que iriam dominar a arquitetura desde então até agora: eles eram Walter Gropius, Mies van der Rohe e Le Corbusier. A primeira vez em que entrei em contato com a nova arquitetura na Alemanha fiquei impressionado com duas coisas; a primeira foi a visão de um urbanismo de grandes proporções a considerar tudo: moradias, estradas, fábricas, mercados, até os pequenos acessórios no mais íntimo contexto pessoal (Fig. 25). Aqui está uma arquitetura, disse a mim mesmo, capaz de tudo. Aqui está uma resolução verdadeira, o fim da discórdia. Encontrei-a. Fui varrido por um fervor que era o reflexo de uma liberação de energia criativa que iria espalhar-se da Europa por toda parte do mundo e transformaria decisivamente o caráter da arquitetura.

2. READ, Herbert. *Art in Industry.*

A segunda coisa que então me impressionou foi quando me apaixonei por uma casa de Mies van der Rohe, a sua Turgendhat Haus, nas montanhas de Taunus. Apaixonei-me por essa construção, o que equivale a dizer que lhe entreguei meu coração e ela entrou em meus recessos emocionais e os preencheu até transbordar (Figs. 26 e 27).

É necessário que não apenas arquitetos mas todas as pessoas de discernimento se enamorem e continuem a se enamorar das manifestações da arte. É assim que a sensibilidade é desenvolvida e um corpo de apreciação é criado, pois se estes falharem não existirão pontos de referência para as decisões das quais depende, em última análise, a qualidade da vida.

É ademais necessário que os arquitetos se apaixonem por construções pois é deste modo que a arte é propagada. A reprodução mecânica da arte coloca mais pessoas em contato com o estímulo original, e na verdade eu me apaixonei pelas fotografias da Turgendhat Haus. Mas há um limite para aquilo que uma mera reprodução de obras de arte pode fazer, e não cabe aqui discuti-lo. O que importa é que o ato de apaixonar-se envolve emoções profundamente transtornantes as quais transformam o apaixonado que renasce por esse meio.

Naquele tempo, com minha mente livre, limpa e fortificada pela nobre racionalidade da Bauhaus, pela amplitude e grandiosidade de sua proposição e do Movimento Moderno, a mim parecia como se meu coração tivesse sido tomado de repente por uma obra, não essencialmente diferente, mas de uma qualidade de que eu não imaginara o movimento capaz até então.

Falamos de períodos clássico e romântico como se o pendor de todas as mentes juntas estivesse voltado para a mesma direção, quando há em todas as épocas mentes de disposição racional, romântica ou classica, que irão concorrer para este elemento em nós à medida que ele desperta, porém, mais do que isso, irão tratar acontecimentos emergentes conforme a química específica de sua composição.

O que eu descobrira era o elemento classicista do movimento a exibir nessa obra sua propensão especial para insistir nesse tipo de solução para destilar de tal solução as virtudes dos sistemas que ela representava, a essência de sua comunicação a nós sobre o que diz respeito ao nosso bem-estar na situação em que nos encontramos. Ao contrário do grosso do novo trabalho contemporâneo, era uma construção de estrutura de aço: delgadas colunas de aço de alto grau em forma de cruz revestidas de aço inoxidável, colocadas nos limites de seu vão e suportando uma simples laje para criar um espaço iluminado de três lados por janelas de placas de vidro ocupando o espaço inteiro em unidades deslizantes do comprimento mais favorável. A simples estrutura de dois andares no flanco de uma colina pousada serenamente sobre uma plataforma de pedra com aproximação por baixo por um lance de escadas projetado para uma deusa subir, e costumava imaginá-la como sendo a Frau Mendelsohn, que era o mais próximo de uma deusa a que eu chegara na época.

O interior era uma criação da máxima originalidade, mas parecia tão velho quanto o tempo. Quase todo o espaço do andar térreo era aberto, apenas dividido em função de uma elegantíssima sala de estar por divisórias de mármore ou de madeira compensada, de simplicidade elementar, e cercando disposições de móveis, os raros protótipos do movimento moderno dispostos em padrões inevitavelmente fixos pelo rigor mental de seu criador.

Esse era um modelo completo em cada detalhe, colocado à disposição da elite dominante do mundo tecnocrata — se estivesse disposta a reconhecer o seu poder a ponto de celebrar o fato na arquitetura. Seu autor, um homem de poucas palavras e de raras aparições no movimento, mais tarde declarou-se ao dizer: "Eu lhes dei a alma da tecnocracia".

Existem alguns estudos em projeto de *maquette* de arranha-céus cristalinos, alguns usando formas de traçado reto e outros, curvo. Quase nada tinham a ver com a *Ville Radieuse* de Le Corbusier. Não possuíam mensagem social. Eram as precoces reflexões de um artista em contato com a tecnocracia, e mais tarde seriam realizadas em Chicago.

Ele impregnou o período que analisamos sem novamente tomar parte principal ou aquilo que pareceria uma parte ativa na sua política arquitetônica, ou seja, quase nunca comparecia às reuniões do CIAM onde o movimento consolidou sua atitude e de onde expandiu sua influência no mundo.

Mencionar o CIAM a esta altura do relato estende a análise do movimento além das personalidades para abranger os diversos países cujos grupos de trabalho foram representados nas conferências que se realizaram de tempos em tempos.

A primeira delas foi em 1928 no Château de La Sarraz na Suíça, a casa de Madame de Mondrot; a mais decisiva e de maior importância num navio em cruzeiro pelas ilhas gregas. Todas serviram o objetivo de reunir, como colegas de trabalho e amigos, os arquitetos modernos da Europa, principalmente, e também de outros países, em estágios posteriores, para discutir os problemas críticos de urbanismo e arquitetura num mundo industrializado, mas discuti-los como uma arte, e segundo a evidência dos edifícios realizados e dos projetos, reais ou hipotéticos, examinados.

O CIAM estabeleceu tarefas para si próprio — a casa mínima, o ambiente planejado, o centro da cidade — e extraiu de seus grupos constituintes material sob a forma de edifícios acabados, projetos e estudos sérios como, por exemplo, o plano MARS para Londres produzido pelo grupo inglês, todos servindo como fundamento para discussões que conduziam a declarações ou publicações sobre os diversos assuntos.

Era uma reunião de amigos, apoiando-se sua organização na boa vontade e propósitos comuns, e era antes de tudo uma associação cujo valor residia nas idéias. Se representava grupos nacionais tais como o Grupo MARS da Inglaterra, então eles também representavam as idéias de seus membros. Era, portanto, supranacional, e nele um comunista declarado não se saía pior do que qualquer outro, mas muito pelo contrário.

Seus grupos nacionais geralmente consistiam de uns poucos membros dedicados, estreitamente ligados entre si, apesar da diversidade de temperamento, pelas imposições de uma situação que se deteriorava frente ao ataque de barbarismo na Europa. Os alemães se desintegravam; os holandeses permaneciam ferrenhamente descomprometidos; os escandinavos eram polidamente oniscientes; os poloneses, políticos; os italianos, acomodados; os ingleses, complacentes, e a belicosidade francesa foi eliminada pela força e liderança de Le Corbusier. Van Eesteren, o planejador de Amsterdã, presidia paternalmente, e Sigfried Giedion, autor de *Mechanization Takes Command*, foi um secretário enviado pelo céu para atender a uma organização tão bem sucedida no que se propusera fazer, tão independente de espaço, tempo e dinheiro, que poderia existir somente sob pressão da mais rigorosa necessidade e com acesso às fontes mais notáveis de energia mental e física.

Assim era o CIAM em seus anos de maior influência, e assim era o seu último agregado, o grupo MARS da Inglaterra. Surgindo quase espontaneamente, para identificar e defender uma concepção de idéias sobre arquitetura na situação inglesa contemporânea, e aderindo ao movimento maior à medida que se mostrou à altura da oportunidade, subjugou os variados e desiguais temperamentos e talentos de seus membros, premido pela necessidade que compartilhava com o CIAM de compreender o novo programa e as novas respostas que previa para este.

Afora o desempenho em atividades e palavras de seus membros, atingiu em sua vida breve dois objetivos importantes, o primeiro uma apresentação esclarecedora de suas idéias na forma de uma Exposição realizada nas Galerias de Burlington em 1937; o segundo foi um projeto para Londres que deu abertura a uma corrente de novas idéias e salientou a necessidade de um amplo enfoque do eterno problema da grande cidade.

Não consigo pensar no CIAM sem incluir Le Corbusier. Ele o dominou mais por pertencer a ele do que qualquer outro membro, por dotá-lo tanto de seus objetivos a longo prazo como de uma metodologia com a qual atingi-los, por elevá-lo a seus momentos de poesia, e sustentar sua organização pela coragem na adversidade e fé nos dogmas da arte. Lembro-me de minha sensação a primeira vez em que o encontrei em La Sarraz, exatamente como foi descrito por Maurice Jardot: [3]

> Ele não possui a expressão aberta e o riso franco daqueles que inspiram simpatia de imediato; falta animação e encanto; os olhos são inexpressivos, a voz é monótona. No entanto, a sinceridade e a energia reforçam uma conduta comovente, aparentemente construída para defesa, atrás da qual parece se retirar, atento e observador. É muito difícil deixar de sentir respeito e curiosidade.

Mencionei anteriormente o aparato de um arquiteto dedicado e, ao fazê-lo, muitas vezes pensei nesse homem sob o peso de seu imenso talento, do qual muitas vezes mais parecia ser o guardião do que o possuidor, tão cauteloso era o seu modo de se conduzir no mundo dos negócios, tão desligado de qualquer conflito de personalidades que tão freqüentemente agitaram a superfície do CIAM, mas chegando a suas decisões e declarações com uma força tão inflexível, com tal assomo de desdém pelas considerações de baixo teor a ponto de surpreender mesmo aqueles que pensavam compreendê-las.

Assim via a si próprio por vezes como Dom Quixote e outras como *l'animal de fiacre,* escravo servindo suas idéias, e isto com um sorriso enviesado que costumava me cativar porque significava o tipo de modéstia que o manteve livre de tudo que pudesse prejudicar ao talento que servia.

Chegou à arquitetura através da arte. Porém não é apenas isso. Nunca abandonou a arte. Ele abraçou a arquitetura, com a arte, projetando seu primeiro

3. Le Corbusier. *My Work.* Architectural Press, 1961. (Trad. de James Palmes).

edifício na idade de dezessete anos e então embebeu-se na arte e arquitetura da Europa, Grécia e Ásia Menor; desenhando, medindo, observando e registrando.

Deste modo quando chegou aos anos decisivos de suas contribuições para o *L'Esprit Nouveau* (o primeiro número data de 1920) havia passado por um rigoroso aprendizado com Auguste Perret, o inovador prático do concreto armado, havia conhecido o pintor Ozenfant, que abriu novas perspectivas para o jovem arquiteto, e, através da pintura, havia feito as mais profundas incursões nos problemas de revelação da luz e forma que iriam sustentá-lo em sua vida afora.

Novamente farei referência ao aparato de um arquiteto dedicado, no caso de Le Corbusier ao de um gênio, apenas para distingui-lo dos esforços pigmeus de uma semiciência patrocinada pelo governo com o propósito de investigar um e outro aspecto da situação contemporânea. Constitui um dos supremos mistérios do cérebro humano que pode simultaneamente alimentar uma massa de dados desiguais e seqüências de idéias conexas extraídas desses dados a ser governada por deduções globais logicamente satisfatórias, e no entanto unidas em formas germinais reconhecíveis como arte. Esse tipo de mente tem efeitos tão raros e espetaculares que em geral é considerado como um gênio inestimável quando de fato é apenas o inteiro florescimento de um tipo de mente que tanto em suas formas maiores como nas mais normais é imensamente útil à sociedade, e mais do que nunca nesse momento em que uma confiança demasiada é depositada na tecnocracia e que formas inferiores de lógica depreciavam seu valor aos olhos dos homens.

Le Corbusier possuía um dom para observações apaixonadas que no começo de sua vida devem ter sido dirigidas pela tendência peculiar de sua mente, como de fato é o que acontece sempre às pessoas de gênio e que serve para justificar o seu talento pelo que poderia ser chamado de análise global. Os primeiros estágios do processo criativo encontram-se neste dom da observação e combinação, tão semelhante em todas as artes. Nele ampliou a visão daquilo que ocorria no vasto mundo do urbanismo moderno e daquilo que

23. A indústria Fagus, por Walter Gropius, 1911. O protótipo de toda arquitetura industrial do futuro.

24. Bauhaus, Dessau, Alemanha, 1925, por Walter Gropius. Ala da oficina. Um rigoroso exercício no método industrial.

25. Primeira poltrona tubular, por Marcel Breuer. Um dos primeiros modelos definitivos produzidos pela Bauhaus.

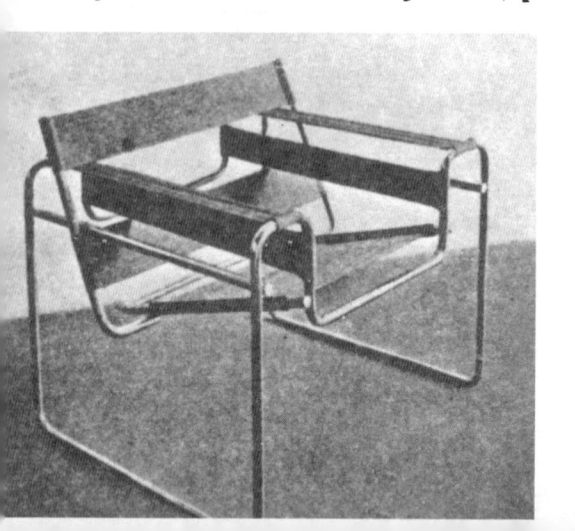

26. Turgendhat Haus, Brno, por Mies van der Rohe. O classicista do movimento demonstra sua propensão para o residencial na solução-padrão.

27. Interior da Turgendhat Haus. Um modelo para a elite dominante aperfeiçoado com materiàis da época e disposto em padrões fixados pelo rigor mental do criador.

28. Villa Stein em Garches, França, por Le Corbusier, 1927. Um exemplo de "estética moderna no seu máximo esplendor". Arquitetura escultural ordenada por função.

29. Villa Savoye, Poissy, França, por Le Corbusier, 1929. Desenvolvimento máximo de um estilo. Um monumento funcional erigido em campo acidentado.

30. Pavilhão Suíço, Cidade Universitária, por Le Corbusier, 1930-31. Um protótipo em todos os sentidos.

31. O Sanatorium em Paimio, Finlândia, por Alvar Aalto, 1932. Avanço imaginativo rumo a um futuro industrializado, ordenado pela função e pela estrutura de concreto armado.

32. Poltronas em madeira compensada em série, por Alvar Aalto.

33. Forro acústico na biblioteca, Viipuri, Finlândia, por Alvar Aalto, revelando uma afinidade imaginativa entre as ondas sonoras e as propriedades da madeira compensada.

34. Fotografia da *maquette* do edifício Cité d'Affaires, Argel, por Le Corbusier, no qual se podem observar a luta entre a forma plástica e a arregimentação da máquina.

35. Alojamentos em Siemenstadt, Berlim, 1929, por Walter Gropius. Esses alojamentos são de preferência utilizados na escala urbana que suburbana.

36. Perspectiva do Plan Voisin, Paris, por Le Corbusier, 1929. Primeiro aparecimento do emprego maciço de edifícios em altura como solução da densidade urbana.

37. Fotografia de uma *maquette* do plano de Nemours, por Le Corbusier, expressando a beleza da função integrada liberada em virtude de seu ofício.

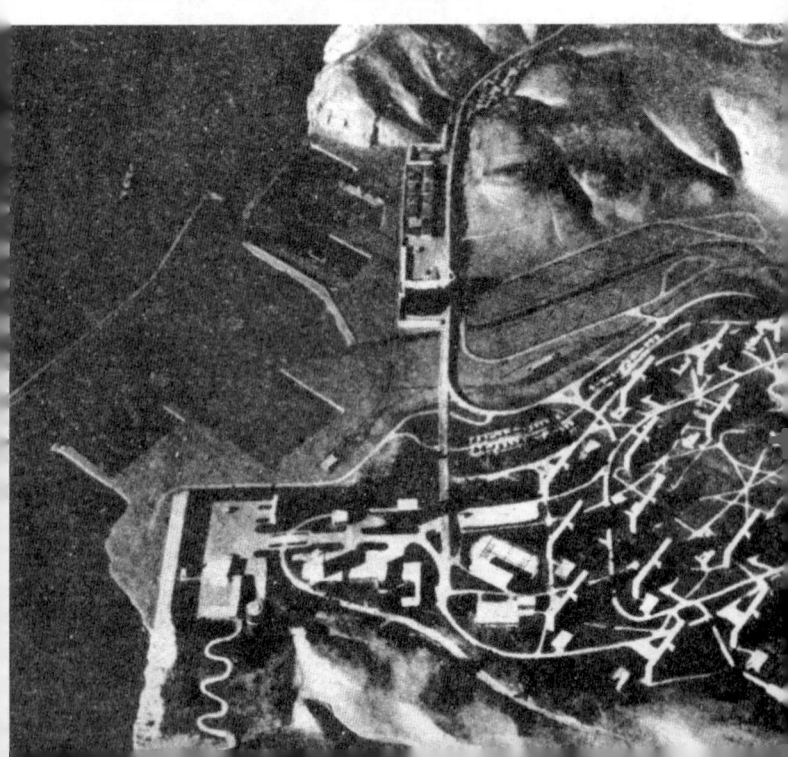

provocara o seu aparecimento. Sigfried Giedion narrou a referida história em dois livros volumosos a partir dos quais as lições apontadas por Le Corbusier são demonstradas de maneira irrefutável[4]. Mas elas não haviam sido escritas quando Le Corbusier referiu-se a "olhos que não vêem" e convidou o mundo a examinar suas próprias criações com um novo enfoque.

A partir disso podem ser feitas duas deduções. A primeira é que se formos salvar nossas cidades devemos usar aquilo que a tecnologia nos deu para separar e para usar cada qual por sua virtude inerente, os poderes de locomoção e a capacidade de alta concentração de edifícios, de modo que, em segundo lugar, mas uma complementando a outra, possamos novamente assegurar liberdade equivalente ao carro e ao pedestre e nossos direitos antigos e memoráveis ao sol, ar e vegetação.

Em 1921, Pierre Jeanneret, primo de Le Corbusier, reuniu-se a este, e por trás dos grandes projetos de urbanismo e dos pronunciamentos estampados nas páginas de *L'Esprit Nouveau* (e em 1923 no livro mundialmente aclamado *Vers une Architecture*[5], encontram-se as bases de uma vida de trabalho incessante, a carga que o nobre homem de idéias, o único verdadeiro aristocrata do mundo moderno, impõe a si mesmo.

Vers une Architecture descreve as circunstâncias e estabelece as tarefas para uma nova época no ambiente do homem ocidental, e de modo característico inicia lembrando ao arquiteto as verdades fundamentais e eternas quanto à massa, superfície, plano e ordem. No curso dos anos, carreguei comigo uma impressão derivada dessa exortação aos leigos no sentido de que deveriam usar os olhos e confiar nos sentidos para reconhecer que as formas da indústria — silos de cereal, pontes, aviões, automóveis — são as manifestações de engenharia de uma nova arte, o produto de

---

4. *Space, Time and Architecture*, Harvard University Press, 4.ª ed. 1962 e *Mechanization takes Command*, New York University Press, 1948.
5. *Por uma Arquitetura*, na edição brasileira da Ed. Perspectiva, 1973, Estudos 27. (N. do T.)

uma seleção minuciosa, baseada na lógica dominante da formulação do problema e sua realização. "O problema da casa", escreveu, "não foi formulado. Existem entretanto padrões para a moradia. A maquinaria contém em si mesma o fator de economia que promove a seleção. *A casa é uma máquina para se habitar*".

Esta última afirmação, quase fatal, que ecoa através do período numa modulação variada ao acaso, necessita da qualificação que abre seu argumento em favor da fusão dos dois enfoques da construção.

O engenheiro inspirado pela lei da Economia e governado pelos cálculos matemáticos coloca-nos concordes à lei universal. Ele atinge a Harmonia. — O arquiteto, por sua combinação de formas, realiza uma ordem que é uma pura criação do espírito... afeta nossos sentidos... e provoca emoções de ordem plástica; através do relacionamento que cria, desperta em nós ecos profundos, nos dá a dimensão de uma ordem... de acordo com aquela de nosso mundo, determina a batida de nosso coração e o andar de nosso entendimento; é então que experimentamos a sensação do belo [6].

A maior parte do livro trata de suas advertências aos arquitetos para lembrarem claramente de que os elementos da arquitetura: massa, superfície, plano e ordem — "a arquitetura é o magistral, correto e magnificente jogo de massas reunidas à luz", (Como isto me lembra Vanbrugh!) — consistem nas grandes simplicidades subjacentes a toda forma de arquitetura, seja a do Egito, Grécia ou Roma, e de que podem mais uma vez ser trabalhados através da construção geométrica dos engenheiros e com a lógica de uma nova formulação das necessidades.

Esses capítulos, relidos após tantos anos, são como uma espécie de história muito particular da arquitetura mediterrânea na qual cada exemplo ilumina os belos princípios descobertos por um jovem na realização das tarefas que se lhe deparam, até então vagamente

6. Le Corbusier. *Towards a new Architecture*. Architectural Press, 1927. Tradução de F. Etchells.

apreendidas, muitas das quais não sendo atingidas até que ele tivesse rompido através da árdua luta mental com a mecânica de viver colocada entre ele e sua realização pessoal, mas inevitável. São seguidos de uma série de sugestões que, embora apresentadas num tom seco e insensível, quase obscureceram a fecunda mensagem arquitetônica das páginas precedentes pela força de seu impacto, e nenhuma mais do que a proposta de substituir uma quadra central de Paris por um grupo de arranha-céus, matematicamente alinhados, de dimensões realmente vastas, completas com sua infra-estrutura de rodovias elevadas, por baixo das quais se vislumbram os parques e calçadas da terra liberada.

Esta foi uma proposta que deixou completamente fora de conta os estágios sociais e políticos que poderiam servir para levá-la a cabo, provocando repulsa por sua quase brutalidade. Tampouco nos esquemas para Argel e Nemours ulteriormente, tão mais esculturais e orgânicos, e tão intimamente ligados às necessidades de local e paisagem e às demandas de uma possível economia, havia qualquer base social real capaz de provocar o seu aparecimento sem ao mesmo tempo sacrificar as próprias liberdades tão estimadas por seu autor.

Entretanto, foram práticos no sentido de dizer ao mundo o que fazer com suas cidades. Iremos recuperar a arte perdida de construir cidades apenas quando descobrirmos a verdadeira natureza das forças subjacentes à geração destas, e aprendermos como manipulá-las em termos de arte. Le Corbusier não se afastou dessas forças; se alguma coisa fez foi exagerá-las; e teve que imaginar para seu uso uma sociedade capaz tanto de criar como de utilizar tais forças.

Foi neste sentido que foram aceitas por arquitetos superiores e por isso foi chamado à América do Sul para gerar, por meio do contágio direto de sua imaginação profética, aquilo que o mundo desde então reconheceu ser um renascimento das artes de construção e planejamento. O seu encontro com Lúcio Costa e Oscar Niemeyer, do qual o consagrado edifício do

Ministério da Educação, com seu caráter tropical tão definido, foi o produto direto, encorajou uma escola de arquitetos, artistas e paisagistas a criar uma fusão da arte e habilidades nativas com o racionalismo da arquitetura moderna de base européia, que atribuiu forma e coerência às aspirações de uma nação ainda em processo de formação. Pareceu ao mundo que o Brasil de repente assumira um caráter que até então não lhe era associado, acentuando a verdade da afirmação de que a aplicação verdadeira da arquitetura é atribuir forma e significado ao que deveria ser a vida; neste caso, apontar para um destino possível.

Em oposição à lista de projetos e edifícios não-realizados, inclusive o edifício da Liga das Nações em Genebra — que venceu na concorrência mas foi desqualificado por despeito profissional — ele completou duas casas e um hotel que magnetizaram por toda parte o campo criativo da arquitetura.

A casa Stein em Garches foi construída em 1927. Como ele próprio a descreve, é um exemplo da "estética moderna no seu máximo esplendor", pois sem distorcer de qualquer modo as validades estruturais do concreto armado, e aceitando as disciplinas de uma técnica industrial emergente, possui a forma escultural mais convincente em termos de profundidade e movimento sugerindo as possibilidades de uma vida elegante (Fig. 28).

A Villa Savoye em Poissy, construída em 1929, é um trabalho mais carregado que o último, pois seu andar térreo se ergue por pilotis e sustenta em cima uma disposição de paredes a proteger espaços de terraço de modo a compor formas esculturais espaçosas de caráter essencialmente monumental (Fig. 29). As disposições domiciliares, ligadas tanto por escadas como por uma rampa dupla, são aristocráticas, mas recordam a vida do estúdio, como acontece em muitas de suas residências. A primeira vez que a vimos em fotografia, a formulação geométrica no meio de um prado irregular, foi um enigma não totalmente resolvido, tantálico e misterioso, e aparentando servir a uma vida com a qual temos poucas ligações. Agora me parece ser da essência da cultura mediterrânea com suas raízes numa parte arcaica.

Compreender o cômico nacionalismo eclético da Cidade Universitária, com fundamentos na fé de Patrick Geddes num nobre internacionalismo, é descrever o cenário mais improvável para o mais notável destes três edifícios, o Pavilhão Suíço, construído em 1930-31 (Fig. 30). Consiste em diversos andares de quartos de estudantes racionalmente dispostos por trás de paredes de cortinas leves e inteiramente desprendida do solo, sobre uma fila de pilotis gêmeos, com uma escadaria e um centro de serviço erguendo-se claramente de um pódio de acomodação social de modo a expor da maneira mais nítida possível a anatomia funcional de um edifício essencialmente simples, uma obra escultural que responde em todos os pontos pela validade de sua presença.

Sua gama de textura na superfície avança a ponto de incluir num extremo um anteparo de janela e painel rígido articulado com precisão e no outro uma parede curva de pedras irregulares, de modo que a mostra muscular da forma nua estrutural aumentada principalmente por contrastes de luz e sombra é ainda mais enriquecida por contrastes de textura.

A cerimônia inaugural foi como um funeral, mas era o nascimento de um protótipo que seria reproduzido dez mil vezes de Highgate a Tóquio, a anatomia do estilo internacional, o filho dos Hilton substituindo os clássicos hotéis Georges Cinqs em todas as capitais do mundo. Aqui em Beirute, onde escrevo no momento, vejo a inverossímil descendência desse lance imaginário dentro do futuro em reproduções infindáveis e descuidadas sobre as belas reentrâncias desta antiga costa, um item na invariável obliteração de identidade que circunda o Mediterrâneo como uma fatal erupção de cascalhos.

Esses três edifícios são o fruto do período mais fértil e controlado do gênio criativo de Le Corbusier. Embora sempre se caracterizasse por sua independência, tais edifícios foram feitos enquanto ainda pertencia a um grupo criativo que buscava ativamente na estrutura social e econômica das sociedades os limites verdadeiros, as restrições impostas das quais a forma de uma arquitetura urbanística pudesse extrair a corroboração inevitável e duradoura.

Ou não teria cabido à missão de Le Corbusier encontrá-la na França, ou a França falhou em fornecê-la do mesmo modo como falhou com ele em seus numerosos apelos ao rigidamente intelectual *amour propre* francês. Mas tal não se deu em outros lugares. Verificamos o quanto a Alemanha nos anos 20 foi ao encontro de Walter Gropius e de sua abordagem à indústria na Bauhaus; e, nos Estados altamente organizados e socialmente conscientes da Holanda e Escandinávia, o terreno foi preparado ainda mais para a recepção de idéias que afetaram o ambiente da vida urbana em larga extensão e em detalhes particulares.

A obra de Dudok na Holanda e a de Ragnar Östberg na Suécia constituíram um apelo emocional à Inglaterra nos anos 20 deixando sua marca nas estações do metrô de Londres, de Charles Holden e de Town Hall of Norwich, apenas para citar dois exemplos, sendo mais tarde reforçada pela assombrosa e semiclássica Biblioteca de Estocolmo construída por Asplund que gostava de referi-la ao Banco da Inglaterra feito por Sir John Soane.

Havia algo na organização racional da sociedade correspondente ao crescimento relativamente imperturbado de uma estrutura de gosto nessas regiões, que fez com que a assimilação daquilo que era revolucionário na França parecesse natural e adequado. Não era tanto questão de um novo começo mas do que fazer em seguida; e pode-se presumir que obras tão aparentemente apartadas como o edifício da Municipalidade em Estocolmo e a fábrica Van Nelle em Roterdã foram ambas inspiradas por um sentido de cidadania e foram o produto de sociedades intimamente integradas cientes da direção em que caminhavam. Isto era palpável na sua Sede Municipal criada por Östberg, mas o patrono da fábrica Van Nelle, meu *beau idéal* do intelecto europeu em ação, estava vitalmente relacionado a seu ambiente em evolução, como mais tarde foi provado na reconstrução de Roterdã.

Foi no final dos anos 30, indo para a Finlândia, que deparei com uma chave, devido à diferença dada à sua harmoniosa colaboração com a natureza, que era inteiramente construído de elementos contemporâneos para o mais belo revigoramento de minha fé na nova ordem por nós proposta.

Novamente em Estocolmo a caminho do aeroporto houve um momento em que o ritmo contemporâneo encontrava-se marcantemente estabelecido. Uma larga estrada passara por cima de uma ferrovia e estava afundando ao nível do solo. À esquerda havia campos de esporte circundando um edifício de grandes vãos que abrigava quadras de tênis, e o cenário para tudo isso se diversificava em rochas, árvores, e casas esparsas. É difícil exprimir de que modo esse padrão de estrutura natural e artificial evocava um sentimento tão forte de regozijo harmonioso, mas algo no compasso da estrada em rápido movimento marcava uma longa batida, que ecoava no suave vão do edifício de esportes e repercutia ainda em cada um dos detalhes menores: balaustrada, poste de luz e outros no gênero; enquanto as faixas da estrada e as linhas do edifício coincidiam tão completamente como se, usando a comparação de McColl, tivessem sido vincadas no gelo numa só configuração, por um único patinador. Lembro-me vivamente da impressão que me deu de pertencer a mim e a minha geração e o quanto tal verdade me saciou num relance momentâneo que vislumbrei enquanto a sobrevoava de avião poucos minutos mais tarde [7].

O bem-estar da Escandinávia perturba os britânicos que não estão habituados a uma organização tão abrangedora do ambiente em que se vive. "A que conduz o perfeccionismo sueco além do maior índice de suicídio na Europa?", dizem eles, esquecidos de seus antecedentes de descoordenada sordidez visual. E dizem isso com reprimida apreensão, e cessam de dizê-lo quando chegam à Finlândia, pois embora devesse aplicar-se aí, isto não parece acontecer. Esse pequeno país de lagos e florestas de pinheiros, estreitando-se em direção ao Mar Ártico, permanece agora, como antes,

7. Fry, Maxwell. *Fine Building*. Faber, 1944.

à sombra da URSS, mas talvez por isso conserve uma forma nova e revigorada de democracia. Eles são, e lhe dirão isso, finlandeses "da mata" que constituem os verdadeiros habitantes da região, e os finlandeses suecos que mantêm os livros.

Não sei a que classe pertencia o velho Saarinen que construiu a estação ferroviária em Helsinki, mas Alvar Aalto, em cujas obras o Movimento Moderno se tornou dramaticamente explícito nos anos 30, é um finlandês da "mata", um homem firmemente alicerçado e emocionalmente rico.

Quando cheguei à Finlândia em 1938, para trabalhar na nova cidade de Petsamo que, devido a seu nome de riqueza de níquel, foi dominada pelos russos após a amargamente contestada guerra com a Finlândia, encontrei, no sanatório em Paimio (Fig. 31) e nas minas e cidades da Sunila planejadas com grande alcance, formas que me desconcertaram pela força de seu impulso imaginativo no âmbito do futuro industrializado. Talvez fosse efeito do violento contraste de sol e neve com a folhagem escura e a água metálica do lago no qual se situavam esses edifícios expressivos; o fato é que não posso ter errado quanto ao vigor ao qual a limpidez de sua estrutura contribuía com tanta beleza.

Encontrei por acaso alguns dos primeiros trabalhos de Alvar Aalto em Obo, edifícios quadrados decorados com ornamentos clássicos tenuemente inscritos como se fossem as últimas impressões de um velho molde. Esses edifícios eram silenciosos, engaiolados por assim dizer, e, em contraste, o sanatório, não muitas milhas distante, parecia um pássaro posto em liberdade.

O lirismo é um dom raro entre arquitetos. É uma capacidade para o canto, como pode ser verificado nas primeiras obras de Marcel Breuer. Significa uma leveza de toque; mas pode também apresentar-se, como na obra de Aalto em toda sua vida, como uma ausência de solenidade, ou, mais positivamente, como um elemento de celebração repleto de vida.

Aalto operou em todos os níveis, como compete a um arquiteto. Projetou não apenas a grande fábrica êm Sunila, mas o distrito de seus empregados; desenhou, também, móveis feitos de madeira compensada produzida pela fábrica, utilizando princípios de manufatura que os incorporava e patenteava: e tais móveis, como os de Mies van der Rohe em aço inoxidável, tornaram-se os protótipos que substituíram quase todos os outros (Fig. 32).

Ele projetou para a sala de palestras de sua biblioteca em Viipuri, hoje em dia destruída, um teto em madeira prenunciando o seu desenvolvimento subseqüente, mas notável por prover suficiência acústica mediante uma forma tão belamente sugestiva das ondas de som, tão lisonjeira para as propriedades do revestimento de madeira, e tão feliz em si mesma, a ponto de distinguir-se de todas as outras manifestações artísticas do movimento como sendo obra de um espírito a mover-se em uma direção própria que estavam fora do alcance razoavelmente restrito do movimento (Fig. 33).

O Movimento compreendia por certo um vasto sortimento de temperamentos em suas fileiras, mas as linhas principais de seu avanço seguiram a certos conjuntos de interesse, o primeiro dentre eles o de Gropius e Mies van der Rohe, que constituía o mais intimamente ligado à proclamada colaboração com a indústria.

Embora Le Corbusier em seu livro *Vers une Architecture* diga um bocado de coisas sobre a necessidade da colaboração e sobre o quanto devem os arquitetos à forma industrial, Gropius e Mies assim pensavam e agiram; Gropius por meio da fundação da Bauhaus, e Mies pela utilização quase exclusiva de produtos da indústria. Ambos entendiam as propriedades do aço e do vidro e ambos reagiam com simpatia ante suas limitações. Ambos foram pacientes trabalhadores a longo prazo; o primeiro com espírito de colaboração e o outro com o de um cão solitário; e cada um a seu modo efetuou a revolução.

Apesar de Le Corbusier acabar por ser o membro mais influente do grupo, faltou-lhe no início o anteparo nacional que conferiu um ar de solidez a cada progresso registrado na Alemanha ou na Suécia.

A França demorou a vida inteira para reconhecer seu gênio e quando Le Corbusier firmou-se no reconhecimento da cidade e do país de adoção, o isolamento que sentia falava através da entonação estentórea, desdenhosa de seus livros e panfletos, cujas páginas nos possibilitaram acompanhar o progresso inicial de seu notável talento.

Era então um homem de muitas facetas — pintor, escultor, poeta, publicista, profeta e arquiteto enovelados num só. "Para compreender minha arquitetura", disse ele, "é preciso contemplar minha arte". Isto não era de modo nenhum tão fácil ou tão acessível à explicação como ele imaginara, pois seus primeiros trabalhos, tais como as casas na Weissenhof Siedlung, quase não se distinguiam dos outros e houve apenas uma metamorfose gradativa de suas casas "dominó", tipo padrão para as casas, ainda muito disciplinadas, embora mais livremente modeladas, de Garches e Savoye.

O Pavilhão Suíço de 1930-32, embora tenha rompido com o *angle droit,* foi uma obra altamente disciplinada, por mais extravagante que fosse sua concepção; e teve êxito. Talvez tenha sido o tantalizante projeto para *a cidade de negócios* em Argel que proclamou a natureza da luta existente entre seu senso plástico e os rigores necessários ao programa industrial (Fig. 34). O lance alto desse edifício de escritórios, que só por isso deixa de obedecer ao padrão típico, é composto, não de uma série de vãos de janelas iguais expressas pela moldura, como as do Edifício do Ministério da Educação no Rio, que iria fazer com Oscar Niemeyer em 1937, mas se apresenta pesadamente configurado ou modelado em vãos que eram uma forma de pára-sol inclusos por entre diversos andares, e conferindo ao modelo, que é tudo o que temos desse edifício, o efeito requintado e lavrado das relíquias medievais.

É na verdade um belo projeto que bem poderia ter encontrado uma oportunidade de ser concretizado no edifício das Nações Unidas mas que jamais construiu; e para tal edifício ele também fez um modelo em que é previsto um tal tratamento, um modelo que nos comove pelo que poderia ter sido, embora eu deva lembrar que, posto diante do mesmo problema no secretariado horizontal em Chandigarh, suas tentativas de modelizar quebraram a popa do barco, como se poderia dizer.

Embora o concreto armado fosse o material eleito por Le Corbusier, e na sua primeira utilização antecipasse mesmo seu mestre engenheiro Auguste Perret, utilizou-o como um artista, para obter efeito; ao contrário do artista-engenheiro Maillart ou do até então desconhecido Luigi Nervi, em cujos trabalhos a modelização da estrutura era o fruto de um sistema de seleção orientada semilogicamente.

Não discuto nenhum deles. Pureza ou impureza de intenção ou realização são termos relativos quando se considera o acúmulo de experiência que se reúne num movimento que irá transformar a atitude do mundo perante a arquitetura.

Recordando os encontros do CIAM, parece-me que a Escandinávia sempre esteve à parte; devo dizer que não foi por qualquer deficiência de um aspecto promissor ou desempenho, pois tais países possuíam estruturas sociais e governamentais mais favoráveis ao desenvolvimento de uma nova arquitetura do que muitos outros; mas talvez por causa de sua auto-suficiência que os capacitou a aperfeiçoar as técnicas de um alto padrão no qual se valorizava o artesanato, continuando, portanto, sem perda de energia, as tradições da manufatura quase abandonadas em outros lugares.

É claro que, enquanto para mim tudo foi influenciado pelos mestres já reconhecidos na Europa, a variedade de expressão tinha de incluir o estilo carregado de Mendelsohn, o lirismo de Asplund, Breuer e van der Flught, o romantismo de Scharoun, e o imponente classicismo do próprio Mies van der Rohe, pois de nenhum outro modo o movimento poderia explorar os limites externos de seu território ou preparar-se para os eventuais desenvolvimentos para além de sua realização conjunta que o futuro lhe reservasse.

Embora tentado a relembrar as construções de diferentes arquitetos do período de pré-guerra, e consciente de quão pouco mencionei a contribuição inglesa, minha principal tarefa neste capítulo é fornecer uma apreciação mais viva da verdadeira natureza e do âmbito da revolução dos arquitetos a fim de que se possa apreciar seu valor para nós em nossa situação atual.

Para ressaltar o rico tempero do que foi feito, utilizei as contribuições de líderes reconhecidos como representativas do movimento, e, ao fazê-lo, mantive-me fiel à história, embora em obras de níveis inferiores estivessem sendo feitas coisas não menos típicas e de boa qualidade.

Entretanto, devo agora reportar-me à estrutura urbana onde se inseriam os edifícios individuais e em face da qual eram infalivelmente vistos. A noção de que nenhum edifício bastava por si só impregnava o pensamento e orientava as discussões do CIAM, que normalmente se realizavam contra o fundo de uma grande *grille* que não apenas acomodava os programas práticos dos grupos participantes, mas definia as disciplinas mentais que os restringiam.

Esta *grille* foi um dispositivo de Le Corbusier e nos proporcionava uma análise gráfica do tema de nossas discussões ao mesmo tempo que localizava os estudos e projetos apresentados pelos membros dos grupos. Ocupava uma vasta parede, e como o mapa do teatro de guerra para um gabinete de guerra, assim era a *grille* para nós. Os principais componentes da atividade urbana — trabalho, moradia, recreação e comunicação — eram extraídos da análise biologicamente conduzida por aquele notável escocês, Patrick Geddes, a quem devemos as teorias e princípios baseados na idéia de crescimento e organismo em oposição às noções estáticas ou românticas até então acolhidas.

Deve ser lembrado que, até que Ebenezer Howard apresentasse o seu diagrama de uma cidade-jardim bastante simples, ninguém havia refletido durante um século sobre a natureza das cidades, do que eram compostas, como cresciam, o que lhes conferia um caráter e o que diferenciava uma da outra.

Desde que John Wood projetou Bath, James Craig, a Nova Cidade de Edinburgo, ou John Nash completou a estrutura verdadeiramente notável de seus desenvolvimentos para a Regency Londres, a idéia de que cidades deveriam ser planejadas, de que seu crescimento pudesse ser orientado e contido e de que pudessem, por qualquer abertura de imaginação, ser contempladas como obras de arte deixou de ser alimentada.

O aproveitamento comercial do século XIX, como muitos outros naquele tempo, se de algum modo foi regulamentaado, tal se deu apenas pela redução de abusos tão flagrantes que punham em risco a saúde. E isto prevaleceu durante muito tempo neste século.

Temos para com Ruskin e William Morris uma dívida: primeiramente o fato de que agora isto possa ser diferente, pois, até a época deles, a reforma era orientada para prevenir abusos, para elevar os padrões de higiene pública e tornar os edifícios mais seguros; mas sem oferecer qualquer alternativa funcional ao *laissez-faire.* Os dois foram reformadores de uma espécie diferente. Eram artistas e visionários, e pouco importa agora que, rejeitando um sistema de que não gostavam e no qual não confiavam, devessem precipitar-se no medievo em busca do Santo Graal.

O primeiro subúrbio-jardim de Hampstead, que foi a criança temporona de sua imaginação, era muito menos gótico do que as Casas do Parlamento, pois, embora as unidades de que se compunha parecessem bastante medievais, o seu planejamento interno pôs fim ao *parlour,* a sala de visitas vitoriana e apresentou ao mundo o *lounge,* a informal sala de estar do século XX, que serviu a nossas psiques como uma luva. E eram construídas de materiais agradáveis, sólidos, de boa qualidade, e este subúrbio tomado em conjunto, seja no pormenor, seja no principal, destinava-se a ser e foi aceito como tal, uma obra de arte singular.

Enquanto modelo para o século XX sofria do defeito de se afastar da idéia urbana para favorecer a de uma de *rus in urbe.* Ruskin detestava a Renascença tanto quanto o industrialismo. Sua idade de ouro jazia em alguma parte do século XII.

Em conseqüência disso, o planejamento inglês de cidade, que se expandiu a partir do jardim-subúrbio, manteve até hoje um viés antiurbano e coube à responsabilidade do CIAM demonstrar que, dentro do contexto do industrialismo do século XX, utilizando suas estruturas e materiais, mas não seus métodos, estruturas urbanas dignas de confiança, de elevada integridade artística, não apenas eram possíveis, mas necessárias.

Não é o caso de imaginar que esta tarefa competiria apenas a arquitetos, pois a composição da Bauhaus, ou, digamos, a conjugação entre o arquiteto Rietveld e o pintor Mondrian, iria revelar a que amplitude de frente artística o movimento avançara.

Há também o trabalho dos artistas-engenheiros, de Freyssinet a Nervi, demonstrando as novas possibilidades dos metais e do concreto armado, os construtores de pontes, os construtores de arranha-céus aperfeiçoando os instrumentos que tornaram possível a liberação de uma imensa energia criativa na época: todos esses, acrescidos ao emergente conhecimento relativo à terapia, às operações da mente e do subconsciente, convergiram para as tentativas de criar uma nova estrutura para a habitação urbana.

De 1923 ao domínio nazista na Alemanha, um grupo de arquitetos que incluía Ernst May, Gropius, Mies van der Rohe, Wagner, Bruno e Max Taut, construiu esquemas de habitação, sobretudo para os menos privilegiados, que, devido à racionalidade de sua concepção, à amplitude de seu cuidado e refinamento em detalhes, constituíram-se nos modelos de uma forma urbana nos quais uma sociedade industrializada encontraria disciplinas em harmonia com suas circunstâncias na Europa (Fig. 35).

Tinham uma altura módica, ao contrário do desenvolvimento tradicional dos apartamentos da Alemanha; na verdade, o tipo de casas em nível elevado que hoje poderíamos encontrar na Inglaterra, mas utilizadas na escala de uma cidade mais do que de um subúrbio, e passíveis de serem racionalizados para a produção em série.

É um erro pensar que uma cidade necessita de uma grande variedade de modelos de unidade. A parte

Oeste de Londres foi organizada a partir de pequenas variações sobre um único plano, menores para os pobres, maiores para os ricos, e repetidas em longos renques de casas em nível elevado que hoje em dia chocam nossos frágeis nervos, temperadas no entanto com variações de acabamento, e dispostas num arranjo visualmente satisfatório que unifica o todo.

Há bem pouco tempo me deparei com as espaçosas áreas de Tel-Aviv construídas certamente nos anos 30, de unidades de apartamento de três andares, que poderiam ter figurado na Weissenhof Siedlung de 1927 e que foram repetidas incessantemente por construtores especulativos, cada um acrescentando sua pequena variação de tratamento, ao longo de largas ruas e avenidas ladeadas de árvores, e que evidenciaram para mim ser essa ansiedade por diferenciação irrelevante e destrutiva da harmonia cívica do plano de fundo. Um dos sinais mais autênticos de decadência é a fragilidade nervosa.

Gropius empurrou seus esquemas para uma expressão ainda mais racional do industrialismo direto, investigando no processo a relação entre a altura e a penetração da luz solar que se encontra no âmago do assunto, sem no entanto perder de vista o urbano.

Não posso superestimar o valor desta grande exposição prática que se realizou em Weimar, Alemanha, e cujos ensinamentos ainda não foram aprendidos em sua plenitude, porque preciso colocá-la ao lado dos projetos mais ousados e em alguns aspectos mais completos de Le Corbusier, que em grande parte permaneceriam hipotéticos.

Ele atacou a cidade com as armas extraídas de seu próprio arsenal, e tal ataque, inalterado e humanizado pelo processo da execução, mantém-se nas páginas de seus primeiros livros tão desafiante, didático e intransigente quanto chegou até nós, há muito tempo atrás.

Falei anteriormente de como ele se serviu de sua análise do congestionamento urbano na América do Norte para eleger os meios de se libertar disto em termos de arranha-céus concentrados, da separação do tráfego de pedestres do de veículos, e do equilíbrio da concentração por meio da superfície do solo restituída a seu uso mais feliz que é o de área verde. Esta é a revolução exposta em sua linha como a trama de uma teia, os termos de todo, um problema que a engenharia de tráfego se recusou a enfrentar seja na América do Norte ou em outra parte.

Em seu Plan Voisin para a margem direita do Sena em Paris, projetado em 1925 (Fig. 36) ele voltou à carga; e novamente em 1937 variou seu ataque com modelos melhorados das mesmas armas, mas em vão, pois jamais conseguiu ir adiante na comprovação de suas teorias além do bloco único da Unité d'Habitation em Marselha (Fig. 39), e no entanto que demonstração!

Esses projetos também sofreram por constituírem apenas uma parte de uma cidade, ao passo que em seu grande plano para Argel, ou no de Nemours, e no pequeno projeto compacto para Saint-Dié feito após a guerra e fora do contexto deste capítulo, suas idéias foram expressas com plenitude.

Entretanto, Nemours demonstra com nitidez meridiana a beleza da verdadeira função liberada pela virtude de seu ofício — a separação dos elementos da vida contemporânea a operar em seu maior proveito, para eles e para nós, num plano que cativa a nossa admiração como um objeto do belo em si mesmo, mas apenas porque torna explícito em termos de arte o organismo vivo de uma máquina humana aplicada à vida (Fig. 38).

Quanta malícia inútil e ignorante foi desencadeada por jornalistas incapazes de reconhecer as bases fundamentais para uma vida aprazível no século XX, ao ridicularizarem o uso de tais palavras-chave para um futuro melhor. Será que devo repetir, trinta anos depois de havermos aberto nossos olhos de arquiteto para o mundo moderno: será que não podem ver? será que não podem ver?

6. OS ANOS DO PÓS-GUERRA

Os efeitos da Segunda Guerra Mundial foram terríveis segundo os meios que a ciência possibilitou: o resultado, assinalado pela bomba de Hiroshima, nos deixa um legado de terror. Aquilo que aconteceu nos privou, poder-se-ia pensar, de nossa fé na ciência como um veículo de entendimento humano, ou da capacidade do próprio entendimento humano.

Não obstante, de conformidade com seja o que for que governe nossas ações continuamos a viver sob uma constante ameaça de extinção, e mais uma vez conseguimos pensar tão esperançosos quanto possível sobre o infindável problema de como viver juntos em paz e amizade e na realização de nossos sonhos.

No capítulo anterior falei do *rapprochement* entre os arquitetos modernos e a indústria em termos otimistas adequados à época em que os primeiros resultados dos ensinamentos da Bauhaus, as mais antigas declarações de Le Corbusier e os exemplos de uma nova arquitetura na Europa pareceram iluminar o mundo ocidental com a esperança de recriar a vida. E enfatizei a importância, com a profundamente persuasiva natureza de suas mais belas obras, de um sistema de análise racional sobre o qual foram construídas essas obras, o valor de um programa racional interpretado com imaginação.

Parecera-nos naquela época que essa base racional para a arquitetura e urbanismo, derivava da própria ciência, e por conseguinte uma ponte entre a arquitetura e a indústria era a base para uma arquitetura *capable de tout*. Não mais limitada por questões de gosto, não mais presa a um passado histórico, estava livre para encontrar sua própria estética a partir de programas a surgir diretamente dos materiais e estruturas do sistema industrial. Essa revolução arquitetônica finalmente parecia florescer melhor no clima técnico-liberal que constituía a essência da Europa.

O período de pós-guerra discutido nesta parte irá reduzir tais pretensões por colocar novos obstáculos a sua realização, por agredir a sua lógica, e por torná-las obsoletas de um modo ou de outro, ou fazê-las parecerem obsoletas, o que talvez já seja um outro assunto.

Em primeiro lugar, a indústria com a qual Gropius fez suas primeiras aproximações cresceu não apenas em tamanho mas em sua relação com a comunidade; na medida em que penetra na vida diária e ao fazê-lo tende à despersonalização através da redução do espontâneo e do variado.

A seguir, a ciência, depois do mais elevado emprego de nossas melhores mentes investigadoras — isto é, depois de ser o que há de melhor em nós — dispersou seus poderes na especialização e aliou-se aos poderes de destruição de modo a dar a impressão às pessoas comuns de que acompanhavam com um zelo desigual as oportunidades oferecidas pelo estudo da biologia e da própria humanidade.

Assim, não é que o gesto feito pelos arquitetos no período de entre-guerras tenha sido rejeitado, mas, antes que foi absorvido com a mesma indiferente facilidade com que um executivo atarefado aceita a sugestão de um subalterno, deixando vestígio menor do que sua importância justifica.

A enorme lista de mortos da guerra teve pouco efeito na população mundial que, em resposta à medicina preventiva, melhor alimentação e esperança renovada, continuou a suscitar e a oferecer à maquinaria reprodutiva mercados em expansão para justificarem sua filosofia explosiva. Coincidindo com essa expansão numérica, o ascenso das massas à aquisição da gama completa de benefícios materiais — pelo menos na Europa e nos Estados Unidos — e à prática de governo através de uma ou outra forma de violência, que colocou um verniz novo e sinistro na noção de democracia.

Dentro da indústria de construção, cujo líder natural é o arquiteto, a pressão da tecnocracia afetou a direção basicamente humanística do arquiteto e toldou sua visão com a multiplicação do aparato semicientífico e a falsa ética da eficiência material.

Foi um triunfo dos números e da produção mecânica sobre a razão e a proporção humanas, e a ciência, excluída por sua absorção na física e especialização, tomou uma atitude negativa frente a uma questão que parece interessá-la bem pouco. Entretanto, a arquitetura e o urbanismo tornaram-se agora os elementos dominantes da cultura do século XX. Será possível que a ciência, que prosperou no liberalismo, possa negligenciá-los sem a perda de seu propósito fundamental? Pode ela perseguir uma vida sem gosto? Estará a ciência sucumbindo ao Caliban que apadrinhou?

Devo voltar à história da arquitetura que é, primeiramente, um registro de dispersão da Alemanha e

Europa Central aos confins da terra, mas, antes à Inglaterra e Estados Unidos. Das três principais figuras, Gropius, após uma breve permanência na Inglaterra como meu sócio, seguiu para Harvard e uma prática de grupo em Cambridge. Mies van der Rohe tornou-se professor de arquitetura em Chicago e ergueu-se novamente com energia a fim de estabelecer padrões para uma arquitetura tecnocrática ideal; enquanto Le Corbusier, abatido durante a ocupação, continuava, a exemplo de outros em idêntica situação, a pensar.

A mudança de cena deu a Mies van der Rohe a oportunidade de construir os arranha-céus com que sonhara. Levou tempo, mas já que em sua natureza nunca havia um sinal de pressa, isto só pode ter sido benéfico. Construiu um *campus* para a Universidade de Illinois em Chicago cujo efeito total era algo árido, salvo pela concepção arquitetônica tão bela que, como disse um espirituoso local, para nela se ingressar era preciso possuir uma religião própria. Sua beleza é provocada, como na Turgendhat Haus, a partir de um exaltado sentido de função e da mais íntima compreensão das virtudes dos materiais modernos. Do mesmo modo que a Turgendhat Haus é povoada por nostalgia clássica, mais um templo do que um edifício e seu efeito na arquitetura americana foi profundo.

Ao desenhar os dois prédios de Lakeshore Drive, de cuja austeridade extraiu a última gota de emoção reprimida, e o edifício da Seagram, em Nova York (Fig. 38), onde procurou lançar um fulgor (seria um fulgor "descarado"?) sobre uma exposição final de tecnocracia refinada, firmou os padrões mais elevados possíveis para realização de um "marco" monumental para a civilização norte-americana. "Estou lhes dando a alma da tecnocracia", parece ter dito. É algo para ser lembrado.

A situação não foi tão compassiva para Walter Gropius. A civilização norte-americana deu a Mies van der Rohe sua oportunidade, mas tenho a impressão de que para Gropius os Estados Unidos eram uma área por demais vasta, atribulada e variada, e Harvard, cavalheiresca demais. Ele reuniu seus estudantes, formou sua cooperativa, executou muitos edifícios, falou, escreveu, mas nada voltou a ser como era. A Bauhaus novamente estabelecida por seu discípulo Moholy-Nagy em Chicago atraiu a mesma atenção que se concedia a um novo rito na Roma decadente e se desvaneceu na surdina. Seus contatos com Konrad Wachsmann a respeito de um sistema de habitação industrializada concentraram-se na discutida questão das dimensões variáveis e provaram ser idealistas fracassando. Lá restaram sua coragem indômita, seus ideais inflexíveis, e sua gloriosa lembrança como um exemplo para a juventude, mas isto jamais poderia tê-lo satisfeito.

Para Le Corbusier, a história foi uma continuação de frustração e triunfo, de uma rica vida criativa, que continuava a residir nos grandes temas de urbanismo e arquitetura, mas que se afastava, acentuando as contradições de sua personalidade, do contato mais antigo com a realidade do dia-a-dia, em direção a suas obsessões pela pintura e escultura, aos aspectos mais pessoais e menos disciplinados da arquitetura, vista apenas como uma arte.

Durante a Ocupação, ele fundou a ASCORAL (Assemblée de Constructeurs pour une Rénovation Architecturale) como um instrumento para a execução de suas idéias sobre urbanismo e indústria e, com o retorno da paz, fez planos abortados para Nemours e Saint-Dié, e viu eclipsadas as esperanças de construir uma nova Argel; no entanto, encontrou terra firme, embora muito reduzida para completar a Unité em Marselha, o primeiro grande edifício a incluir as idéias germinais da sua *Ville Radieuse*.

Foi terminado após trabalhos incrivelmente frustradores, e se tornou, de imediato, um lugar de peregrinação, mas, se de fato conseguiu evidenciar o seu objetivo — se, a despeito da fartura de sol e ar, é o veículo adequado para o crescimento de famílias e para um relacionamento social saudável — eis um ponto ainda em suspenso. Existem dez desses edifícios construídos e a dúvida ainda paira. Mas, não há dúvida quanto à beleza da construção ou às emoções que provoca.

Um revés ulterior e catastrófico, aguardava-o em Nova York, após assumir a liderança incontestável de um grupo de especialistas que iria localizar e construir a sede das Nações Unidas, seu projeto foi, não abandonado, mas absorvido numa planta do desenvolvimento arquitetônico de Nova York a que se prendia a localização do edifício.

Aquilo que o mundo poderia ter visto, aquilo que Le Corbusier poderia ter feito para ficar ao lado da grandiosidade de Mies van der Rohe, jamais saberemos. Sua *maquette* nos conta alguma coisa. Seu arranha-céu de Argel nos diz mais. Pressentimos que teria sido um extremo desafio ao centro tecnocrático do mundo para um homem aplicado a extorquir do industrialismo um sentido de espontaneidade e variedade, coisas estranhas à sua natureza real, e a marca do homem mais do que da máquina. Teria sido sua apoteose. Poderia ter mudado o curso da vida norte-americana. No entanto, a máquina da civilização tragou-o assim como tragou Gropius, e ele se retirou frustrado e profundamente ferido.

Nos anos 40, esteve em Bogotá novamente envolvido no grande urbanismo, desta vez com seu discípulo José Luiz Sert; e em 1950 quando o levamos para colaborar no projeto de Chandigarh, numa posição de poder e autoridade, estava trabalhando no projeto da capela votiva em Ronchamps, e na ocasião já chegara a um pequeno modelo que nos mostrou. Sua idéia na época era construí-la de um revestimento interno e externo de tela de metal sobre uma estrutura de metal leve e cobrir isto com *gunnite,* isto é, concreto injetado.

Não faz diferença o modo de abordar o projeto que finalmente foi executado em concreto, pois ele ainda consiste de um interior e um exterior sem ligação estrutural lógica entre os dois. Dá a impressão de grande solidez, de paredes de imensa espessura trespassadas por minúsculas janelas que no interior se alargam obliquamente no estilo medieval. Na verdade, as paredes são tão ocas como seriam num cenário de cinema e o teto é não sei o quê. Trata-se, sem dúvida, de um *tour de force* de expressão escultural por fora e, por dentro, de uma brilhante experiência de regurgitação nostálgica que, no entanto, obscurece meu horizonte arquitetônico; e fico feliz de que haja apenas um exemplar no gênero.

Comparativamente, o plano de Chandigarh está firmemente arraigado na sociedade e sua lógica segue ao longo das linhas de crescimento (ver Fig. 9 no Cap. 2). Recordando que foi projetado para um Estado empobrecido do Norte da Índia, sem os recursos para vias de tráfego separadas ou altos edifícios, e mesmo até agora sem o tráfego para utilizá-los, propôs uma solução que satisfaz um âmbito de atividade humana maior do que qualquer outro plano que conheço e permanece uma obra de arte.

A classificação das estradas nos famosos sete Vs, a divisão dos setores nas duas atividades opostas da vida, a disposição do acesso, a circulação principal, as estradas oficiais dos centros cívicos e culturais, assim como a localização dos edifícios do governo, demonstram a coincidência de lógica e sentimento que confere à cidade sua atmosfera de grande inevitabilidade. Suas linhas principais foram estabelecidas, como já registrei, em poucos dias, mas é a obra de uma vida inteira.

A grandiosidade do grupo de edifícios do Capitólio eclipsou os méritos maiores do plano (Fig. 40). Devem ser tomados em conjunto como um grupo monumental e apenas comparados à grandiosidade similar de Brasília. Expõem a crescente divergência de programa e estrutura em Le Corbusier, a partir do conceito arquitetônico, o que equivale a dizer, com respeito à Suprema Corte e o edifício da Assembléia, que o programa foi interpretado ao nível de grandiosidade, de um conceito que se projeta adiante no tempo como obra de arte monumental mais do que algo na escala das circunstâncias atuais.

Dentro dessa estrutura tais edifícios são soberbos monumentos, especialmente a Suprema Corte, embora ninguém vá me fazer admirar uma superfície nua de concreto inerte. Respeitarei o que meus olhos me contam. Tampouco posso concordar que a irrupção de efeito oficial na forma de balcões e reentrâncias na extensão do edifício do **Ministério** seja feliz arquitetonicamente. Uma não é compatível com a outra. Ou a função superior é retirada e manejada em separado, ou é afogada na massa repetitiva.

Minha admiração pela obra de Le Corbusier é muito grande. Sua contribuição excede a de qualquer outro arquiteto em quase qualquer outro período da história. Ainda me encontro na necessidade de achar uma direção para a arquitetura em geral, e a partir deste ponto de vista não sou o único a lastimar um excesso da arte sobre a função, ou, como no caso do Edifício dos Proprietários Têxteis em Ahmedabad, um exagero da função. Uma vez admitido o excesso de grandiosidade, como rapidamente se vê, as casas e o museu na mesma cidade tornam-se realizações de alto padrão, para serem respeitadas e queridas.

Não vi o mosteiro em La Tourette. Parece que lhe ofereceu a possibilidade de um programa de severa e inflexível grandiosidade adequada ao monge que ele era, o que ressaltou o melhor que havia nele; e tampouco pude ver seu edifício no meio de Harvard.

Sua influência foi mundial, primeiramente como analisador e prognosticador, e como criador de uma lei quase mosaica entesourada no CIAM, mas por fim como o ressurgimento da mente mediterrânea a viver na beleza e se reproduzir em cativantes edifícios, a inspiração de sucessivas gerações.

Antes de seguir a trilha da influência de Le Corbusier em países tão distantes em todos os aspectos, como o Brasil e o Japão, preciso fazer um comentário final sobre aquele curioso trabalho, *The Modulor* que ele tanto valorizava, pois, ao contrário daqueles que roçaram essa obra e as séries matemáticas sobre as quais se baseia, como se nada tivessem a ver com a arquitetura, vejo as ligações entre arte e matemática como sendo de permanente interesse numa época em que a complexidade que as rodeia é contestada em favor de explanações aparentemente mais simples, mas, na verdade, mais estéreis. Reconhecer a ligação e buscar o meio de incorporá-la na metodologia criativa da arquitetura foi uma tarefa cuja importância um fracasso relativo dificilmente diminui, já que devemos voltar a ela novamente no futuro ao continuarmos a refletir sobre a proporção daquilo que exteriorizamos na construção: pertence ao verdadeiro cerne de nossa matéria.

Foi em 1937 que Le Corbusier foi chamado à América do Sul, e ele descreve a andança em passagens que evocam a magia de uma viagem aérea em altitudes em que ainda tínhamos algum contato com a terra embaixo. Sua visita e o edifício do Ministério da Educação no Rio, que fez com seu discípulo Oscar Niemeyer, transformaram a arquitetura daquele continente por liberar as energias criativas de um grupo de jovens arquitetos, e o gênio do paisagista Burle Marx, para uma gama de edifícios — casas, prédios de escritório, igrejas, prédios e escolas numa escala reminiscente mas ainda mais grandiosa que a de Weimar, Alemanha: uma arquitetura capaz de tudo, mas fortemente marcada pelo seu país de origem. Sob um governo que mais tarde caiu do poder, a Capital do país foi mudada 500 milhas interior adentro e projetada numa nova situação conforme o plano de Lúcio Costa e com a arquitetura de Oscar Niemeyer.

Este plano, ganho em concorrência aberta e do qual apenas escapei de ser um juiz por estar muito atarefado noutro lugar, poderia ser considerado como sendo a realização da *Ville Radieuse* de Le Corbusier, composto como era de blocos de edifícios de apartamento, altos e baixos, situados em amplas áreas abertas e ligados por vias para carros altamente desenvolvidos com um vasto ponto de intercâmbio sobre o eixo do projeto aerodinâmico. Esse eixo fortemente marcado disparava rumo a um grupo capitólio de edifícios às margens de um grande lago, no qual Niemeyer abandonou a sinuosa plasticidade da arquitetura que ele e seus companheiros haviam desenvolvido para condizer com a atmosfera e condições culturais do país, em favor de uma monumentalidade elementarmente geométrica de grande porte e efeito, mas privados de muito da referência humana que se encontra no grupo análogo de Le Corbusier em Chandigarh e talvez salientando uma certa diferença de temperamento, não apenas entre os dois arquitetos mas entre os governos clientes.

O fato de o Japão, com sua tradição antiga de habitação meticulosamente proporcional e a arcaica simplicidade de seus templos-jardins, ver-se lançado numa linha de edifícios de concreto aparente, rivalizando-se ao do mestre em impulso e escala, encontra sua melhor justificativa na necessidade de dar expressão vigorosa aos feitos de uma energia recém-descoberta, que surgia da identidade restabelecida de uma nação derrotada no movimento ascendente de seu destino. Isto é o que representam esses edifícios de Kenzo Tange, Makawa ao lado de uma ativa escola de arquitetos: são celebrações que, com exageros próprios ao clima emocional em que foram concebidas, abrigam as atividades sociais e governamentais de um país em fervilhante atividade, e que conduz, por conseguinte, à rápida mas consolidadora evolução de uma arquitetura japonesa cujas origens remontam aos primeiros fermentos dos anos 30 na Europa (Fig. 41).

Confrontado pela crescente concentração urbana de uma explosão demográfica tão violenta quanto em qualquer outra parte do mundo, servido por um avançado equipamento tecnocrático, e dada essa jubilosa explosão de intensa atividade criativa, é para o Japão que podemos talvez nos voltar em busca de soluções para os problemas de urbanismo vitais para a nossa contínua ocupação do mundo, os principais problemas de nossa época.

Os países escandinavos, afastados da arena mediterrânea dominada por Le Corbusier, dirigidos por arquitetos de eminente valor como Asplund e Markelius da Suécia, Jacobsen da Dinamarca, e o gênio excepcional de Aalto na Finlândia, seguiram um curso sustentado por reconhecimento público que a arquitetura não conheceu em qualquer outra parte do mundo, e através da fusão de uma imaculada perícia com a técnica mais avançada de construção, perfazendo no total uma inteligência social de palpitante sensibilidade.

A contribuição que a Escandinávia tem dado ao nível cultural da habitação européia, ao menos como demonstra a Inglaterra, é algo a que somos inteiramente gratos. Mas como todos os bons produtos exportados, é a expressão de um bem-estar interno e remonta àquela suntuosa simplicidade da prefeitura de Estocolmo, para a qual Ragnar Östberg chamou os mais vivos talentos de sua época, e desse modo estimulou o patrocínio de Frank Pick, o pai do metrô de Londres e o primeiro cliente da moderna arquitetura inglesa.

Bem no início dos anos 30, Estocolmo desfez um emaranhado nó de intercâmbio de tráfego com a mais elegante peça de *macaroni* viário jamais vista, uma dança de tráfego em múltiplos níveis tecendo sua saída do centro. E este foi o predecessor da solução de multinível de Vällingby para o centro de uma cidade de subúrbios montanhosos baseada no trânsito rápido e completada com uma elegante harmonia de formas de construções dispostas, bem como do denso complexo urbano de Hötorget, no centro de Estocolmo, livre para pedestres.

Pouco disso poderia ter sido realizado se os cidadãos não tivessem concedido ao governo o poder de possuir grandes extensões de terra e de se tornar, em nome deles, o principal encarregado do desenvolvimento e coordenação do ambiente urbano. Na falta desse sentido e compreensão de propriedade, com todas as responsabilidades que acarretam, o planejamento bate contra a parede de interesses próprios dispersos e fracassa.

A Finlândia dá prova de um acordo semelhante entre os grupos envolvidos no desenvolvimento social e cultural contemporâneo, com a mesma notável fusão de interesses, de habilidades e realizações nos vários níveis de uma população extraordinariamente unida, para quem — o que talvez em nenhum outro país fosse possível — Alvar Aalto oficia como um *alter ego* cultural.

Isto é de fato algo belo de se ver, pois atesta um grau de entendimento geral de sua situação comum, ao qual todos deveríamos aspirar. Não há esperança de se alcançar uma verdadeira qualidade sem a existência de uma firme estrutura de gosto na parte ativa da sociedade, e uma compreensão daquilo que aciona um ambiente, de que tipo de decisões diárias depende, é melhor promovida através do exemplo como também pela comparativa carência daquilo que poderia turvar os contornos ou rebaixar a importância daquilo que a arte e os artefatos têm que comunicar (Figs. 42 e 43).

A obra inicial de Alvar Aalto tão nítida e lírica como qualquer outra que o movimento criou, continha elementos de importância futura para sua arte, mas também para seu país. Sem retroceder em seu talento, mas a partir de uma vida fecunda que seguiu sua inclinação natural absorvendo o que lhe era inato — os materiais e práticas nativos e amados por seu país, a forte sensação de uma comunidade identificável — ele fundiu sua arquitetura funcional com uma graça compensadora que lhe conferiu continuidade no tempo, e lhe permitiu a mais íntima ligação com a verdadeira natureza de seus problemas, em termos tanto físicos como humanos. As formas livres que desenvolveu coincidem perfeitamente com aquele teto acústico na Biblioteca de Viipuri; sua textura apresenta muita harmònia e compõe-se muito bem numa só peça com aquilo que a Finlândia representa. Sua obra possui uma originalidade tão espontânea quanto a de Cézanne ao descobrir a verdadeira natureza da região do Monte Santa Vitória. Representa bem mais para a minha imaginação do que a Opera House de Sidney, e tem mais a dizer com relação a nossa própria situação na Inglaterra.

Talvez seja permitido dizer umas poucas palavras sobre nossa própria experiência nos trópicos da África, para onde fui enviado num navio de tropas superlotado em 1942, e onde, em companhia de Jane Drew e nossos companheiros de empreitada dedicamos uns quinze anos de esforços para extrair uma arquitetura das penosas condições climáticas daquela bela região.

Deparamo-nos com uma vida colonial relativamente inatingida pelo tempo ou guerra: deixáramos Estados soberanos envolvidos nas políticas e tecnocracias do mundo exterior e, assim, éramos testemunhas e agentes de grandes mudanças, algumas das quais só poderíamos lamentar. Encontramos poucos materiais de construção utilizáveis, nenhuma indústria de construção, nenhum código de obras ou práticas de construção que merecesse tal nome e pouca arquitetura que pudéssemos imitar. Mas por toda parte nas choças, aldeias e vilarejos de paredes de barro dessa gente digna, bondosa, encontramos as belezas de uma cultura outrora estreitamente ajustada, que estava se dissipando perante nossos olhos.

A análise que fizemos de nosso problema era dominada pela necessidade climática para se obter uma aragem passando pela sombra através de edifícios dispostos como se fossem dedos abertos para recebê-la. A madeira abundante foi rapidamente destruída por cupim, as elevadas médias de temperatura diurna abriam fendas em qualquer área considerável de teto de concreto armado que, em contrapartida, liberava o calor captado durante o dia nas horas já abafadas da noite.

O que resultou do longo processo de tentativa e erro foi uma arquitetura perfurada de anteparos de concreto moldado, sustentada em meio aos dominantes ventos alísios, de uma cor opaca que não desbotasse, e diversificada na textura pela aplicação de uma pedra granito de baixo grau, raiada de veios de cor viva, que extraímos de pedreira onde quer que a encontrássemos (Fig. 44).

Nossos empreiteiros favoritos eram italianos que trabalhavam como unidades familiais com os africanos num contato tão íntimo quanto o que gostaríamos de ter, e, assim como nós, fora do mortiço funcionalismo; pois, quaisquer que possam ter sido as conclusões racionais a que chegamos com respeito à natureza de nossa arquitetura, seu caráter podia ser apenas a medida de nossa absorção no cenário africano.

Tal como se apresentou, evidenciou-se a verdade, ainda pouco considerada na arquitetura da Europa, de que o clima é um determinante nas condições de uma construção assim como o é em muitas outras coisas em climas secos ou úmidos, e foi o que tentamos estabelecer nos livros que escrevemos sobre o assunto [1] e através da fundação da única escola séria de arquitetura e planejamento tropicais, no mundo, como um departamento da Associação Arquitetônica de Londres, presidida pelo Dr. Otto Königsberger, nosso amigo em muito daquilo que experimentamos realizar.

Depois de nossos primeiros trabalhos experimentais na década de 40, a África Ocidental deu entrada no mundo industrial da política de poder com cidades superpopulosas às quais a combinação de esforços de arquitetos e planejadores de diversas opiniões trouxeram apenas uma melhoria marginal. O conflito entre a vontade de emular padrões tecnológicos do Ocidente, e a necessidade de uma base mais lenta porém mais estável de avanço cultural e político é encontradiça em todo o mundo em desenvolvimento, e salienta a dicotomia existente em nosso próprio universo.

Nos Estados Unidos o cenário de alta pressão tecnocrática foi dominado por Mies van der Rohe, com sua contraparte mais cotidiana na firma de Skidmore Owen e Merrill, elevando-se também a altos níveis em edifícios como o da Lever, e à excelência no prédio do Manufacturers Trust na 5ª Avenida. Era um nível em que Eero Saarinen tomou um honroso lugar com o seu projeto ainda exageradamente ambicioso da General Motors Research, a perseguição de um ideal tecnocrático de impecável supereficiência, uma imagem da América do Norte moderna.

Tal nível não foi sustentado por muito tempo. Fosse porque como imagem era insuficiente, ou porque a superabundância da economia tivesse de encontrar sua contraparte na arquitetura, os principais arquitetos no país, conduzidos por Saarinen, começaram a se permitir uma série de soluções cada vez mais extravagantes para os problemas-padrão de universidade e edifícios públicos em geral (Fig. 45).

Não acredito que o exemplo de Le Corbusier tenha algo a ver com esse fenômeno norte-americano, ou teria muito pouco. Na verdade um de seus estímulos

1. DREW, Jane & FRY, Maxwell. *Tropical Architecture*. Batsford, 1964. DREW, Jane. *Village Planning in the Tropics*. Lund Humphries, 1947.

originou-se de uma espécie de jogo de engenheiro com a forma, o que se evidencia por exemplo nas superfícies deformadas de Eduardo Catalano, mas tal como oferecido em geral pela extensão da estrutura de engenharia livre a desenvolver suas possibilidades como uma cobertura de espaço. Tais possibilidades estavam sendo exploradas na Itália por dois engenheiros construtores de grande envergadura, Pier Luigi Nervi e Luigi Mirando. Nervi, o grande inovador e o artista mais sensível dentre os dois, havia desenvolvido sistemas de construção tão próximos da natureza, tão absolutamente receptivos ao avolumar-se e fluir de forças contidas, a ponto de assumir em seus edifícios uma vida mais próxima de uma idéia de arquitetura orgânica do que qualquer outra obra de Frank Lloyd Wright. Suas construções tinham finalidades simples — hangares, edifícios de exposições, estádios — mas isto apenas serviu para destacar suas qualidades (Fig. 46).

As frágeis formas em abóbada de Félix Candela, pequenas e inconseqüentes ao lado das grandes estruturas de Nervi, parecem ter sido inspiradas diretamente de uma forma em crescimento, enquanto que as superfícies deformadas de Eduardo Catalano, constituídas de retas, receberam um toque desse gênero de abstração lógica com o qual Buckminster Fuller fascinou seus seguidores, mas que no meu parecer não formam o verdadeiro material da arquitetura.

No todo, essas excursões dos engenheiros redundam, em substancial extensão, das possibilidades da estrutura moderna, muito além das fronteiras em linha reta do espaço que se impunham no período inicial da arquitetura moderna e voltada para uma plasticidade governada por uma disciplina mais rica e complexa. E as primeiras reações dos arquitetos a essa secessão, coincidindo com uma necessidade pessoal de rompimento e secessão alguma espécie que muitos sentiam, foram alarmantes e indiscretas. O Kresge Hall de Saarinen no MIT é um curioso objeto fora de escala com um interior nele embutido sem maior êxito do que o do Stubbings Congress Hall em Berlim, e no edifício de esportes em Yale a falta de assimilação da forma de engenharia é ainda mais marcante.

Essas formas de engenharia não são fáceis de assimilar porque são trabalhos originais que se justificam em seus próprios termos. Exigem uma colaboração a sério mais do que um plágio, e uma consideração racional por parte do arquiteto porque algumas dessas formas, sobretudo as de Catalano, são extremamente violentas sem serem tranqüilizantes.

Entretanto, o que agora vemos nos Estados Unidos é algo mais que imitação. As fantasias de arquitetos tais como Paul Rudolph e Yamasaki, ou Saarinen em seu edifício terminal de Idlewild, não são incitadas por engenheiros mas são as fantasias de um mundo rico, exuberâncias feitas para aqueles que querem esbanjar, por homens para quem o CIAM é a Bauhaus constituem as lendas meio esquecidas da velha Europa, e esses edifícios lampejam como orquídeas na inerte monotonia de um urbanismo interminavelmente industrializado.

A secessão européia da polida imagem branca do período inicial do CIAM é atribuível em boa parte diretamente ao tijolo arqueado e à casa de concreto, a Maison Jaoul de Le Corbusier que representava uma corrente lateral de anelo nostálgico pelo tipo de Arquitetura Instintiva descrito no relato de abertura, a imagem simples, rudimentar, honesta e antimecânica com a qual Reyner Banham jogou durante uma época como o "novo brutalismo", expressão posta em voga devido à utilização por Le Corbusier do termo *béton brut*. Ganhou esse título nas mãos de certos arquitetos holandeses, e poderia justificadamente descrever numerosas das pesadas e terríveis estruturas industriais de aço, tijolo e concreto bruto tão bem manipulado por arquitetos como Erno Goldfinger e os Smithson. Mas ao ser domesticada na Inglaterra rapidamente foi romantizada num gênero de imagem de Lowry Lancashire, como nas casas de James Stirling em Preston, e terminou como Universidade de Brighton e Colégio de Churchill, uma genuína e rudimentar obra de alvenaria, com arcos em concreto aparente e madeira lisa pintada de branco em profusão, numa época em que tais coisas já deveriam ter sido expulsas da existência pela mecanização e salários elevados!

À medida que a máquina penetra mais fundo nos canais da vida diária, removendo por toda parte as marcas de excentricidade individual, artistas e arquitetos reagem contra o fato. Sir Kenneth Clark num ensaio intitulado *The Blot & The Diagram* (O Borrão e o Diagrama), vê os artistas explorando seu subconsciente numa série de "pinturas de pingos e borrões" representadas por Jackson Pollock, o pintor de Nova York, note-se bem; e os arquitetos, segundo provas abundantes em qualquer cidade do mundo, traçando seu futuro em diagramas retilíneos, no estilo de Mondrian.

Não se trata, apenas disso. A revolta é compartilhada por todos os artistas. Tampouco é inteiramente negativo o fato, não importa quão desapontado Sir Kenneth possa estar com os resultados. É uma genuína exploração incitada pela expansão da ciência; através de Einstein para o interior do incomensurável; através de Freud e Jung para o interior do subconsciente. É uma exploração extremamente frustrativa através daquilo que Henry Adams denominou "o supra-sensível mar de caos" ao qual viu a ciência reduzida já em 1910, e em nada ela é mais frustradora do que em sua falta de forma e definição. Os artistas indicam este ou aquele sentido de unidade em suas obras que, porém, com toda boa vontade desse mundo, muitas vezes dificilmente conseguimos encontrar. Não obstante as melhores intenções, permanece em estágio exploratório, destituído de programa, forma ou definição.

Há em andamento tentativas para se conduzir a arquitetura pelo mesmo caminho. O Museu Guggenheim de Frank Lloyd Wright é uma expressão de sentimento ao qual a estrutura foi levada a adequar-se, as obras de Pancho Guedes, de Lourenço Marques, remontando a Gaudi, são mais emocionais do que substanciais. A Opera House de Sidney, por Utzon, é quase histericamente lírica ao ponto crítico de sua estrutura de sustentação, e os laboratórios em Filadélfia e a Igreja Unitária de Louis Kahn são formas de emoção pessoal alimentadas pelas mais forçadas teorias que, não obstante, encontram um eco na resposta de cada jovem estudante angustiado e desnorteado em meio às correntes opostas de opinião arquitetônica (Fig. 47).

A lógica racional da Bauhaus anda em desfavor. É como se a arquitetura estivesse em busca de símbolos mais do que soluções e que o predomínio do símbolo em nossas mentes é do tipo irracional, embora desfaça o programa da arquitetura em fragmentos.

Mas isto também não é de todo verdadeiro. Verificamos que três mestres em arquitetura tiveram o mesmo ponto de partida e acabaram bem distantes um do outro, cada um persèguindo, no entanto, com êxito um aspecto da arquitetura; em qualquer momento dado, deve existir uma variedade de temperamentos e atitudes que seria impossível confinar em um assim chamado estilo internacional.

Oscar Niemeyer defende as extravagâncias da arquitetura brasileira salientando os antecedentes não-industriais do Brasil, o desequilibrado estado da sociedade contraposto às oportunidades para os arquitetos de corajoso *élan*, que abre outro nível de variações naquilo que não obstante permanece um tema central da arquitetura. "Nosso desejo" — disse ao descrever o projeto para o novo e altamente simbólico Museu de Arte em Caracas, Venezuela — "foi desenvolver uma forma compacta que se destaca claramente da paisagem e expressa na pureza de suas linhas as formas de arquitetura, não importa o que pudesse estar acontecendo ao resto das artes"; isto é quase exatamente aquilo que Le Corbusier, na Maison Savoye, erguida em meio a um prado de jardim, pretendera fazer, e fizera. Lúcio Costa, que pode ser descrito como a melhor metade de Niemeyer, não é menos definido e conciso. A forma de Brasília é tão definida como uma máquina, as curvas do plano jogando com os cones e cubos de sua terceira dimensão de um modo tão contemporâneo quanto o carro a que ela se presta, mas simbolizada assim como sua cabeça, com formas geométricas tão velhas quanto o tempo.

Em comparação, Chandigarh pertence a um mundo mais antigo, como de fato é: um mundo mais velho, mais pobre, menos esperançoso e ao mesmo tempo não-

38. Edifício Seagram, Nova York, por Mies van der Rohe. A "disposição" monumental para a civilização norte-americana num edifício que apresenta extremos refinamentos da tecnocracia de construção.

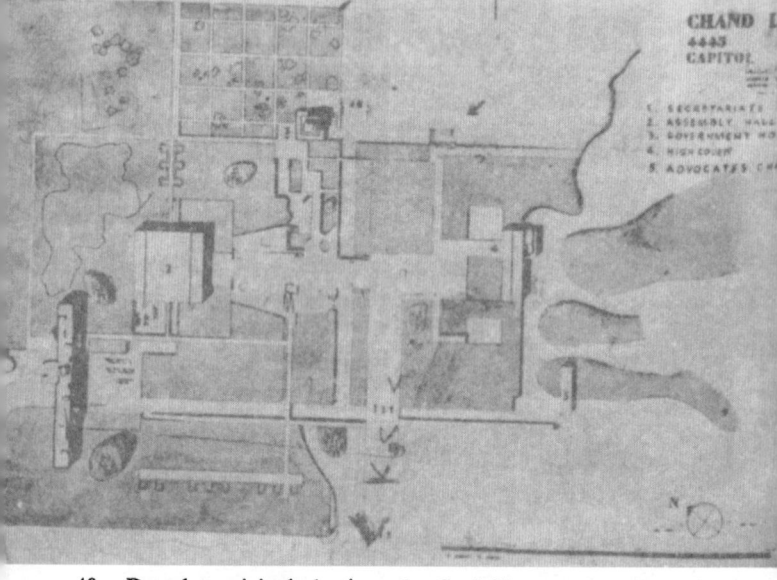

40. Desenho original da área do Capitólio, por Le Corbusier, em Chandigarh (ver também a Fig. 15).

41. Lance de escadas do Citizens'Hall, Prefeitura, Kurashiki, Japão, por Kenzo Tange. Parede altamente modelada para fins de acústica, marcando forte influência de Le Corbusier.

42. Parede do Auditorium da Kulturhaus, Helsinki (1955-58), por Alvar Aalto. O espírito da biblioteca Viipuri enriquecido pelo tempo, e um reingresso no coração de sua terra natal.

43. Shopping Centre de Vällingby, Suécia, por Sven Markelius, onde a humanidade comanda a técnica.

44. A Biblioteca, Universidade de Ibadan, Nigéria Ocidental, por Fry, Drew e associados. Arquitetura da "parede respiratória" numa colaboração direta com o clima.

45. Edifício Terminal T. W. A., Aeroporto de Idlewild, Nova York, Estados Unidos, por Eero Saarinen. Arquitetura de engenheiro-arquiteto, explorando as possibilidades do concreto armado em matéria de função e efeito.

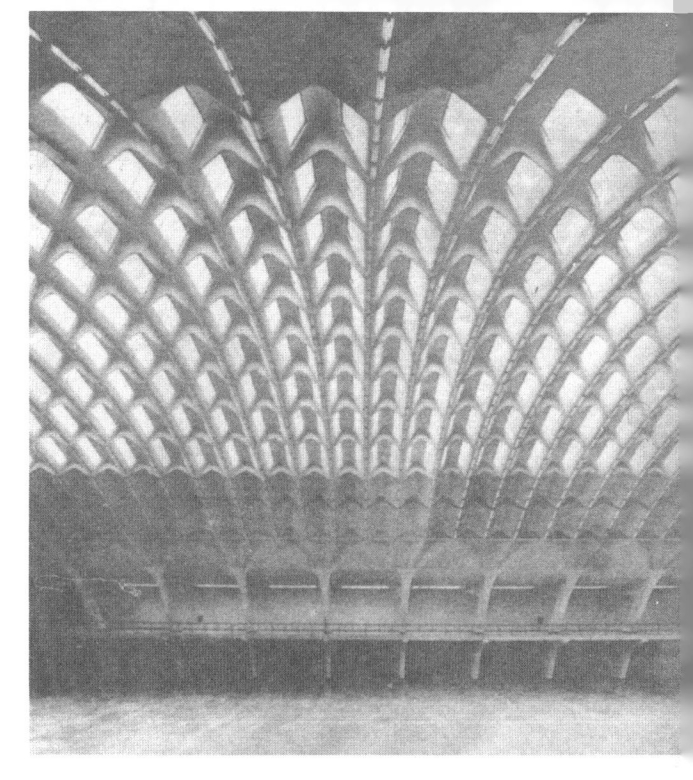

46. Palácio de Exposições, Turim, pelo engenheiro-arquiteto Luigi Nervi, mostrando uma afinidade entre o concreto da estrutura e a forma natural.

47. Igreja Unitária, Boston, por Louis Kahn. Um exemplo de uma nova arquitetura de símbolo e emoção, buscando os níveis mais profundos de justificação funcional.

48. *Maquette* da Nova Cidade de Cumbernauld, por Hugh Wilson e Associados. Ampla noção de uma cidade nova, considerada como obra de arte singular.

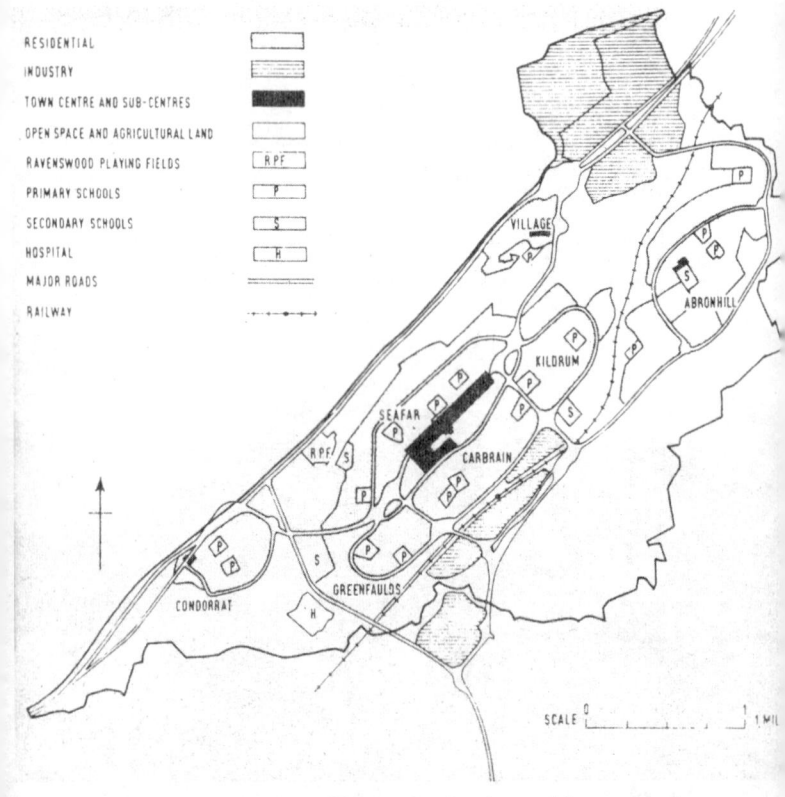

RESIDENTIAL

INDUSTRY

TOWN CENTRE AND SUB-CENTRES

OPEN SPACE AND AGRICULTURAL LAND

RAVENSWOOD PLAYING FIELDS — R.P.F

PRIMARY SCHOOLS — P

SECONDARY SCHOOLS — S

HOSPITAL — H

MAJOR ROADS

RAILWAY

VILLAGE

ABRONHILL

KILDRUM

SEAFAR

CARBRAIN

RPF

COMDORRAT

GREENFAULDS

SCALE 0 — 1 MIL

49. Planta da Nova Cidade de Cumbernauld, mostrando a interdependência de pedestres, tráfego motorizado e a "máquina de trocas" no centro.

50. George Stephenson College of Further Education, Watford, pelo Hertfordshire County Architects Department. Um edifício industrializado numa montagem industrializada.

51. Alojamento na Nova Cidade de Harlow, por Michael Neylan. Um retorno parcialmente nostálgico às respostas emocionais dos materiais "inacabados", em princípio sugeridos pelas experiências de Le Corbusier com materiais mistos.

52. Os triunfos da máquina no cativeiro comercial. Uma cena de escritórios em Westminster, Londres.

-mecanizado. Chandigarh bate-se contra a máquina, como irá provar rapidamente uma comparação entre os edifícios dos ministérios de cada uma dessas capitais.

Podem ser discernidas no modelo em rápida evolução duas direções principais de ataque, nenhuma delas esgotada. A primeira aceita a situação industrial: é a linha de Gropius, Mies van der Rohe, os brasileiros, Arne Jacobsen e os escandinavos. A segunda opõe-se a ela; é a linha de Le Corbusier, os "novos brutalistas" e os imaginosos rapazes americanos, injustamente incluídos na mesma chave.

Afora estes, mas derivando mais dos primeiros do que dos últimos, o grande mundo da construção caminha com a força cega de um ato natural, usando o que lhe chega às mãos, pensando e agindo no dia-a-dia, destruindo e construindo sem considerar a forma. Esta é a história das grandes cidades no mundo inteiro, da urbanização do campo, do litoral invadido pelo turismo, dos bonitos locais engolfados e obliterados.

Esta é nossa maior preocupação e, para rematar a história do desenvolvimento arquitetônico até a época atual, devemos seguir o curso do planejamento citadino em níveis menos dramáticos do que Chandigarh e Brasília porém mais pertinentes ao nosso tema principal.

O interesse centraliza-se na Grã-Bretanha em sua tentativa para aliviar a pressão sobre o centro de Londres e limitar sua crescente expansão por meio do estabelecimento de um anel de cidades novas e auto--suficientes num cinturão há trinta milhas do centro. O objetivo do exercício era afastar as indústrias para fora dos locais congestionados na parte leste de Londres, e atrair indústrias que de outro modo teriam se estabelecido em Londres, proporcionando-lhes tanto uma população de trabalhadores jovens que habitavam a cercania ideal, quanto ao tipo de vida que uma civilização em avanço tecnológico poderia proporcionar, separada da velha cidade cruel por áreas rurais invioláveis.

Tratava-se da cidade-jardim de Ebenezer Howard numa forma avançada e completa, com todos os benefícios advindos da longa experiência, o acúmulo de conhecimento pormenorizado sobre o traçado de estradas, reserva de espaço aberto, previsão de escolas, lojas e facilidades centralizadas.

Cada cidade era governada, em condições liberais mas em termos sistemáticos, por uma corporação autônoma com representação pública e uma assessoria técnica adequada, e tais cidades tornaram-se aquilo que suas organizações fizeram delas, bem sucedidas dentro de suas limitações, bem sucedidas financeiramente e atingindo suas metas com crescente precisão à medida que o tempo passou; uma série de experimentos práticos, em grande escala, na arte de viver.

Havia de início seis Cidades Novas à volta de Londres e uma cidade que não teve sorte, Peterlee, nos campos carvoeiros de Durham. Mas foram acrescentadas mais cidades desde então, notadamente Cumbernauld, para enfrentar o excesso de população de Glasgow, e Hook, a uma distância de aproximadamente sessenta milhas de Londres, impulsionada por razões políticas num estágio posterior à sua concepção. Outras mais estão para aparecer.

A primeira coisa a se reparar nessas Cidades Novas é que constituem entidades abrangedoras que se efetivam em conjuntos completos de terreno, cercadas por uma área agrícola protegida. Elas poderiam reunir-se à volta de uma aldeia existente mas isto não invalida a natureza abrangedora de sua concepção, a interdependência de todas as suas partes e funções, ou a necessidade de pensar de modo abarcante sobre pessoas que moram e trabalham juntas sob as condições do século XX.

As primeiras Cidades Novas malograram por serem insuficientemente urbanas. Perseguidas pela imagem de há muito estabelecida da cidade-jardim, baseada na oportunidade oferecida pelo transporte moderno de fugir da cidade e viver no campo da maneira ideal, elas foram estabelecidas em densidades baixas para criar coesão urbana. Ocupam terreno em demasia e de um modo muito rarefeito a ponto de não apresentarem aspecto de cidade quando passeamos por elas. A imagem é desvitalizada e sentimental mesmo no centro. O centro da cidade de Crawley lembra uma cidade de brinquedo de Walt Disney; não é bastante séria do ponto de vista arquitetônico. Mas nisso está a experiência. Essas cidades têm sido as oficinas da pesquisa experimental na construção da cidade abrangedora e, em Cumbernauld, a tentativa foi feita para criar uma cidade tecnológica baseada em necessidades humanas reais, o pedestre como uma realidade mais do que uma ficção, a comunidade usando seu transporte mais do que sendo usada por ele (Figs. 48 e 49).

Hook foi adiante tratando do relacionamento da indústria com a cidade, corrigindo erros iniciais cometidos em outros lugares, e solucionando, como em Cumbernauld, o complexo problema de atrair pessoas e transporte para o centro de uma cidade sem deslocamentos, de manipular concentrações sem atrito, sem pressão enervante, de harmonizar os interesses conflitantes que se reúnem em torno de densos agrupamentos de pessoas.

Aquilo que aconteceu na Grã-Bretanha levou em consideração a experiência dos suecos em Vällingby, dos holandeses em suas novas cidades sobre o recuperado Zuyder Zee, e da Europa em geral, uma vez que, muito antes de se tornar uma entidade política, a Europa terá aprendido a compartilhar a sua vitalidade. E a oficina das Cidades Novas na verdade centralizava-se em Londres, onde o London County Council, com sua imensa carga de trabalho criativo, havia aperfeiçoado uma organização para tratar com a maior amplitude possível de um problema para ser compreendido somente pela montagem de um caleidoscópio de oportunidades fragmentadas no conspecto de um único ideal. Em seus desenvolvimentos nas orlas do Richmond Park, e notavelmente em Roehampton, o LCC coloca sua experiência acumulada no amplo desenvolvimento conjunto de uma grande área do belo terreno com construções altas e baixas, edifícios em torre e em lâmina. A arquitetura é conforme à moda em voga, rude e tosca, com muito concreto exposto demais para o meu gosto, mas o efeito total aparenta a construção de cidade para o século XX.

Assim também é o novo conjunto residencial em Sheffield, com a vantagem adicional de que constitui um impacto numa cidade de tamanho considerável mas não incomensurável, pesadamente moldada em meio de serranias com vales a descer até ela vindos desde os pantanais dos arredores. A indústria atravancou esses vales no século XIX, mas suas unidades maiores estão se mudando para regiões mais desimpedidas fora da cidade. A nova parte residencial, portanto, encima os montes e deixa os vales livres para dar lugar a parques modernos, conduzindo da cidade até os pantanais. Minha primeira impressão terrível de Sheffield, colhida há muitos anos atrás, está sendo erradicada. Agora parece ser uma cidade que pode se tornar tão bela quanto foi feia uma vez, eficiente para todos os propósitos.

A cidade-faculdade de Cambridgeshire, o programa de escolas em Hertfordshire, CLASP (o consórcio de autofinanciamento em construções a cargo da autoridade local, inaugurado em Nottingham), tudo aponta na mesma direção sem ter formado por ora uma opinião pública suficientemente forte para lidar com a situação geral (Fig. 50).

O condimento político da Grã-Bretanha é favorável à grande empresa. Não se trata apenas da curiosa mistura de controle público e empresa privada do Estado do Bem-Estar que nos auxilia, mas a filosofia liberal que ainda conservamos, a moralidade que nos faz sentir responsáveis pela sociedade, não somente no global, mas no detalhe estimado e individual. Isto é algo que, acalentado pela prática de tais obras, a mim parece justificar nossas melhores esperanças para uma saída feliz do dilema em que nos encontramos.

Os norte-americanos criaram a expressão "renovação urbana" para descrever a operação cirúrgica no coração congestionado de uma grande cidade. A congestão foi levada a efeito há muito tempo atrás pelo transporte ferroviário e pelo metrô. O tráfego de automóveis agravou-a, e a engenharia de auto-estradas, atuando unilateralmente, converteu-a num pesadelo.

O centro de Brasília é um eixo rodoviário de intercâmbio de tráfego que pode ser considerado igualmente decepcionante, mas os centros de renovação urbana norte-americanos são, por força da situação estagnada, pedestres. Adorando seus carros como o fazem, os norte-americanos foram convidados a sair deles para fazer compras nos centros pedestres suburbanos de Victor Gruen, que vieram à existência devido ao fato de os centros urbanos serem inacessíveis: e são *tirados* de seus veículos nesses próprios centros. A surpresa que demonstram ao se encontrarem em grupos de família a pé no labirinto de lojas é um dos prazeres de uma visita a esses locais.

Não pretendo insistir nos méritos de qualquer dos esquemas para as grandes cidades norte-americanas. Constituem, tanto na América do Norte como aqui, apenas soluções parciais dos problemas de rejuvenescimento urbano em grande escala, causando impressão e buscando lucro no centro, mas deixando o problema total insolúvel. Podemos nos sentir gratos por divisar uma possibilidade de renovação. Se os poderes gerados através da ciência e indústria hão de nos servir para algo melhor do que a destruição, cabe-nos agora compor o programa para um mundo novo feito pelo homem em sua totalidade.

Mas a fragmentação de atitude por parte dos arquitetos, à qual me referi como o sintoma de uma sociedade afluente norte-americana, tem aqui a sua contraparte na revolta originada daquilo que foi considerado pelo grupo dissidente que precedeu a dissolução do CIAM como um excesso de simplificação da síntese da arquitetura industrializada nos primeiros trabalhos do movimento. Na verdade, é mais profunda do que esta objeção e talvez atue paralelamente com o crescente desgosto de Le Corbusier pela tecnocracia e burocracia que ele temia acima de tudo.

A lógica pura dessa situação pode ser encontrada por toda parte expressa na monotonia da parede-janela, explorada comercialmente, do típico edifício de escritórios no qual as finanças anti-sociais se despenderam até que foram detidas. Ninguém realmente se importava com essa solução, à qual o público se referia como uma arquitetura de "caixa de fósforos", pouco compreendendo da surda pressão das forças anônimas que a provocaram.

Havia em todas as mãos uma ansiedade por tocar ou ver as estruturas que não lembram a máquina, por coisas "opostas, originais, vagas, estranhas" pelas qualidades que encontrei na Arquitetura Instintiva, em meu capítulo de abertura.

E assim, no momento em que um lado da profissão estava se apegando com firmeza à máquina, o outro escapava desta. No momento em que a arquitetura mecanizada foi tida como o único veículo para o vasto programa de habitação e renovação urbanas, os meios de esquivar-se ao resultado estavam sendo procurados, quer dando-se à pré-fabricação industrializada das partes da construção a força bruta e maciça da antiga arquitetura de estaca e viga, quer renovando-se a busca de uma solução pelo uso da extraordinária versatilidade da estrutura de alvenaria para atingir o mesmo fim, sendo levada por esse processo a superar as pressões da alta densidade por tortuosos labirintos de vielas e pátios romantizados, dos quais foi virtualmente banida a linha racional de sol e espaço. As desgraças sempre vêm juntas! (Fig. 51).

Não que eu acredite ser isto mais do que uma aberração temporária, sanguínea e saudável na origem, apontando para um aspecto do assunto que de modo algum podemos deixar de considerar, mas modificada pelo vulto e peso do problema expresso nos programas do novo e renovado urbanismo para ir de encontro a nossa crescente população: um problema produzido no mundo todo.

Duas considerações maiores a infernizam: a a contenção do tráfego de automóveis e a humanização da arquitetura mecânica. Qual deverá ser sua forma e estrutura? Estreitamente restringida como no plano engenhoso de Runcorn feito por Arthur Ling? Realizada por regiões como no estudo de Southampton? Disposta em linha reta como nas proposições do Sudeste? Ou interligada no ar em complexos estruturais ou vegetativos como propõem os japoneses?

Mas esses são meros exemplos das possibilidades criativas latentes naquilo que Reyner Banham denomina "a segunda era da máquina", se por um momento a elas pode ser dado o seu justo lugar acima das ansiedades autodestrutivas do panorama moderno. Planos como esses podem ser tomados como descrições imaginativas de possíveis vidas no futuro sob condições em processo de evolução mas ainda não realizadas; e se padecem de uma falta de certeza quanto à natureza dos instrumentos que empregam em termos de formas de transporte insólitas, graus de mecanização, de obsolescência etc., esses planos refletem aquilo que perturba a todos nós, mas que inevitavelmente precisamos resolver.

Os principais problemas de construção industrializada ou foram solucionados ou estão claros para nós, com bases na experiência da Escandinávia e da França, de onde derivam os melhores sistemas. Mas isto é só para dizer que sabemos como transferir a principal carga da construção do andaime para a fábrica, no local ou longe dele: o problema técnico foi solucionado, mas à custa de muita textura, contraste e ritmo, por cujos meios a arquitetura se comunica conosco.

As vantagens, mesmo nos sistemas controlados por arquitetos, sistemas que se originaram no Programa das Escolas de Hertfordshire e que receberam uma nova inflexão e um alcance mais amplo como Consórcio de Nottingham, revelam sua natureza mecânica, não somente em uma certa inflexibilidade nas juntas, mas devido à sua interrupção do processo criativo por serem mais um conjunto de partes do que material para arquitetura.

A abordagem do Grupo de Desenvolvimento de Yorkshire concentrou-se na racionalização de um conjunto de formas planas sobre uma fachada de dezoito pés, coloca o cavalete — embora deva ser o cavalete portátil — mais claramente nos fustes de coluna, e trata-se de um regulador mais aceitável em inúmeras construções urbanas [2].

Nisso tudo estamos sendo levados, como tantas outras coisas de que se compõe a vida contemporânea, pela pressão da máquina da repetição, procurando superar os altos custos de vida que engendra rumo a uma racionalização final que deixaria os arquitetos livres apenas para selecionar um número limitado de partes naquilo que inevitavelmente poderia ser um ambiente predeterminado; assim como a dona-de-casa que caminha em direção ao caixa, por entre as alas lotadas de embalagens, sob uma luz pseudo-rósea do supermercado, encontra sua escolha — por mais ampla que pareça — circunscrita pela imaginação de grandes corporações cujo alvo, em termos militares, é ela (Fig. 52).

Esta é nossa situação na Inglaterra enquanto caminhamos para a realização de um programa urbano que força nossos recursos de dinheiro e energia humana, e aquilo que atormenta muitos de nós, com base no que tem sido feito até agora, é o seu elemento inumano, a dificuldade que vemos em conduzi-la à harmonia com o ambiente total.

2. Mesmo aqui a prática não confirma a teoria, uma vez que a arquitetura é medíocre e o grupo não irá manter-se unido.

7. O PRESENTE

A história do desenvolvimento da arquitetura dos primeiros anos do século até o presente nos oferece, quando a vemos claramente, os meios de tratar assuntos de interesse mais amplo do que a própria arquitetura.

Mas devo primeiro levá-los a reconsiderar de novo o estado da arquitetura nos primeiros anos do século. Apesar da excelência dos arquitetos individuais, era a arquitetura dominada pelo espírito de classe, acadêmica e retrógrada, com uma única saída para a sociedade no movimento de cidades-jardins iniciado por William Morris e propagado por Raymond Unwin. Esse movimento operou num campo restrito como uma forma de estreito profissionalismo. Isto era verdade tanto na Europa como na América do Norte, pois era um dos defeitos da cultura no século XIX haver florescido em somente uma das duas sociedades de Disraeli. Concordando com Bernard Shaw em que é uma desgraça ser pobre e que não se pode fazer uma peça interessante sobre gente desinteressante, igualmente não se pode fazer duas sociedades parecerem uma só, e quando finalmente chega-se a considerar como a sociedade deve viver no século XX é com uma sociedade única que se deve tratar.

Pode-se encarar o fato de outra maneira, registrando a emergência do que era a classe trabalhadora sem representação até uma afirmação muito maior de cidadania, um nivelamento da sociedade de classe; ou ainda, em outra forma, como a revolta das massas. De qualquer modo que se observe, o problema amplo de como viver adequadamente no século XX interessa ao todo da sociedade considerada como unidade e, se existir uma religião — fora a oscilante crença na onipotência do que é físico — que seja mantida hoje por uma importante parte da sociedade, é o sentimento de que somos responsáveis por nossos semelhantes.

Portanto, quando Walter Gropius voltou as costas ao movimento de artes e artesanatos e fez as primeiras aberturas no sentido de indústria, através da Bauhaus, estava realizando uma operação unificadora com um bem maior do que a arquitetura. "A Bauhaus foi inaugurada em 1919", escreveu ele, "com o propósito específico de realizar uma arte arquitetônica moderna, que, como a natureza humana, se destinava a abranger tudo em seu escopo", e do CIAM disse ele "que este pequeno grupo supranacional de arquitetos sentiu a necessidade ... de ver os problemas multifacetados que se lhes apresentavam como uma totalidade".

A partir desse tempo a arquitetura deixou de ser o instrumento de uma classe privilegiada. Cessou até de ser arquitetura no sentido em que fora por tanto tempo considerada, pois num extremo de *curriculum* da Bauhaus estava o desenho industrial e no outro estava o urbanismo, dispondo-se, por quaisquer meios disponíveis, a ser o que quer que fosse desde que dissesse respeito ao ambiente social. E os modelos que a Bauhaus criou para a indústria, o mobiliário simples e os acessórios leves que permaneceram os protótipos do *design* doméstico — como os grandes padrões de habitações em que Gropius colaborou após haver deixado a Bauhaus, tinham todos, como Herbert Read indicou em seu oportuno trabalho, *Art and Industry* [1], a aparência de uma exatidão tecnográfica afinada com o espírito do tempo.

Gropius havia na realidade encontrado os meios de harmonizar os produtos do sistema, grandes ou pequenos, com a arte. Ele havia feito o que Ruskin e Morris, o que todos os artistas reformadores desejaram fazer, não tanto pela tentativa de elevar o nível da indústria ao da arte, como, de certa forma, descer à altura da indústria e reconhecer humildemente nela os materiais, métodos e técnicas dos quais a arte poderia emergir sem deformações ou constrangimento.

O que ele viu foi uma arte surgindo das virtudes do sistema, uma arte da máquina na medida em que fosse o produto da máquina, porém uma arte cujo valor pleno somente poderia ser extraído por aqueles que não fossem limitados pela estreiteza das especializações, ou seja, na realidade, por artistas capazes de compreender.

Isto explica por que ele trouxe consigo para a Bauhaus artistas como Paul Klee e Kandinsky. O sistema industrial, por definição, excluíra os artistas. A combinação do industrialismo e o êxito do materialismo elevaram, como vimos, as belas-artes a um pináculo ridículo, fora do alcance das pessoas comuns. Trancada nos museus e com preços astronômicos, as obras do passado, mesmo as obras de um passado tão recente como o Impressionismo, tornaram-se uma espécie de moeda privilegiada, enquanto as escolas de arte serviram apenas para formar professores de arte

1. READ, Herbert. *Art and Industry*. Faber, 1966 (ed. revista).

por falta de um apadrinhamento verdadeiro que tivesse algo a celebrar.

Mas o ímpeto criador não se limita à arte, nem a arte surge quando solicitada, como provam as escolas de arte. A arte pode surgir, como vimos em nosso estudo de Arquitetura Instintiva, de circunstâncias muito humildes e corriqueiras desde que essas circunstâncias sejam plenamente compreendidas e incorporadas ao esforço criador.

O ímpeto criador é uma manifestação do impulso para sobreviver, da admoestação da natureza para continuar, e assume uma variedade de formas muito ampla, derivadas da necessidade de adaptar nossas circunstâncias ao êxito de nossa sobrevivência. O ímpeto criador é na realidade uma atividade humana tão normal que se desvia quando especificada como arte, pois é na essência tanto a satisfação de um instinto de sobreviver como o seu próprio reconhecimento. Esse mesmo ímpeto agora incita os moradores dos cortiços ingleses, que começam a despertar de sua letargia, a enfeitar a fachada de suas casas com pinturas muito coloridas, manifestação essa que anuncia claramente que pretendem tomar interesse por suas existências até agora consideradas como meros itens da economia.

A imensa preponderância da ciência e de sua aplicação na indústria, como atividades humanas, deve ter atraído ou apenas arrastado uma grande porção de talento criador. Essas atividades são por si próprias, naturalmente, um ato criativo, o grande ato criador da idade que multiplicou não somente as possibilidades abertas ao homem, mas também as parcelas da humanidade capazes de fruir de tais possibilidades.

Pode-se discernir o talento criador e artístico tanto na ciência como na indústria, a trabalhar para reconstituir e unificar seu avanço. Quando tais figuras surgem, são homens de vasto talento, cultos no sentido próprio da palavra e, se Einstein pode servir como exemplo, poder-se-ia dizer, para citar Ortega y Gasset:

[...] que ele precisou saturar-se com Kant e Mach antes que pudesse atingir sua própria síntese aguda. Kant e Mach — os nomes são meros símbolos da enorme massa de pensamento filosófico e psicológico que influenciou Einstein — serviram para liberar seu espírito e deixar o caminho aberto para a sua inovação[2].

Mas o ponto a que desejo seriamente chegar é que, entrando para a ciência ou para a indústria, uma pessoa dotada de talento criador ou artístico que não seja acima do normal é absorvida num ramo especializado de um dos sistemas, chega a saber muito a respeito dessa especialização, e como resultado tende a ser uma ignorante em tudo o mais e ainda por cima uma ignorante teimosa. Para citar Ortega y Gasset outra vez,

O mais imediato resultado dessa especialização desequilibrada foi que hoje, quando há mais "cientistas" do que nunca, existem muito menos homens "cultos" do que, por exemplo, por volta de 1750. E o pior é que com tais "rotineiros" da ciência nem mesmo o progresso real da própria ciência é assegurado.

A crise na ciência poderia ficar apenas nessa premissa, mas é mais do que isso e transborda para o sistema, hoje tão extenso que não se distingue da própria vida que ela mesma construiu à sua volta, um sistema que deve ser responsabilizado por milhões de pessoas no aumento de população, para os quais não há futuro predizível, e pelo insaciável derrame de mera matéria despojada de sentimento, emoção ou qualquer bom uso humano. Este é o verdadeiro inferno de uma situação que todos nós, de uma forma ou de outra, reconhecemos.

Tratei de aspectos dessa situação crítica ainda não resolvidos pela arquitetura e urbanismo, mas devo ainda reconsiderar se existe no mundo do pensamento e da ação lugar para uma abordagem que depende da

2. ORTEGA y GASSET. *The Revolt of the Masses*. Allen & Unwin, 1951.

especialização somente no arranjo dos fatos, dos quais dependem a criação e o julgamento. Definirei então uma pessoa de bom gosto — o que relativamente poucos chegam a aspirar a ser hoje, ou uma pessoa de "cultura", o que um número excessivo de pessoas com base em seus conhecimentos inteiramente fragmentários, imagina ser como sendo essencialmente alguém capaz de harmonizar os fatos conflitantes da existência à luz de um pensamento envolvente.

Por esta definição apenas os artistas são cultos, e isto está muito próximo da verdade, e talvez sempre tenha estado. Mas por mais que estejamos muito necessitados de pessoas de gosto e de cultura, necessitamos ainda mais de padrões a que pessoas de gosto e cultura possam adequadamente aspirar, diria mesmo que a capacidade de pensar abrangentemente, procurando o ciclo completo no evento isolado, relacionando eventos e seus efeitos na sociedade, voltando sempre à escala humana, situa-se no alto da lista das qualidades exigidas.

Uma pessoa de gosto no século XVIII conhecia os clássicos e era capaz de falar sobre a pintura do Renascimento. Um homem culto no século XX, se tiver a coragem de pretender a tal, contra a torrente de tolices de arte de segunda classe derramada por todo meio de divulgação e divertimento das massas, se tiver a pretensão de viver e praticar sua cultura mesmo com um pouco da responsabilidade que tocava ao seu correspondente do século XVIII, deve estar cônscio de que a arquitetura e o urbanismo são as artes dominantes de seu tempo, deve encontrar-me ao nível em que discuto as contribuições dos grandes vultos de nossa arte e entender a força liberadora que fluiu da conjugação da arte e da ciência na arquitetura.

A Cidade Nova de Edimburgo, como a Cidade de Bath, foi criada à imagem da Grécia e de Roma, lembrando em suas formas, embora polidamente domesticadas, os circos, rotundas e coliseus dos tempos clássicos a que aspirou. A que podemos aspirar hoje?

O único grande objetivo de nosso tempo é encontrar uma forma em que possamos sobreviver com êxito. A alternativa não pode ser outra exceto a desintegração. Uma filosofia que ponha sua fé em nada mais que a exploração cada vez mais avançada da matéria física, da terra à lua, da lua às galáxias, explorações desconectadas, sem centro, relacionada com matéria e poder, nos leva para mais longe ainda do cerne real do problema que permanece dentro de nós e continua sendo tão grande como o universo.

Não é minha intenção propor uma nova religião ou uma nova filosofia. Mostrei-lhes, em tanto detalhe quanto pude reunir, o mecanismo de uma atividade humana que deve ser considerada uma arte para a qual a ciência contribui totalmente.

Lembro-me há muitos anos Sir Owen Williams propondo para debate a moção: "Quando penso", dizia ele, "sou um engenheiro (cientista?). Quando paro de pensar sou o mestre-de-obras, sou um arquiteto". É bem verdade que a arquitetura, sendo uma arte, se importa mais com a realização do que com o pensamento, mas não se pode chegar à forma de um edifício ou de uma cidade, ou mesmo de uma sociedade, somente pelo pensamento ou pelo cálculo. Pode-se pensar sobre este ou aquele aspecto; pode-se fazer cálculos ou aceitar suposições, ter teorias e hipóteses, tirar o mínimo denominador comum e coeficientes de muita utilidade, mas sempre se chegará apenas a soluções parciais de aspectos parciais; ainda será alguma coisa desligada do problema central, que é chegar a uma forma que, profundamente impregnada por todas as circunstâncias, cada uma das quais podendo ser objeto de pensamento e cálculo, possa finalmente ser atingida apenas por um processo de sentir e imaginar, sob pena de se tornar inútil para as necessidades humanas.

É inútil porque esse processo, que descrevi anteriormente como sendo em seu último recurso incapaz de análise, é essencialmente transcendental. É mais que a soma de suas partes. É religioso porque, embora diga respeito ao homem e use matéria, seu resultado final independe de ambos, mas é uma revelação.

O intenso esforço pelo qual uma obra de arte consegue a unidade, a harmonização de todos os elementos dos quais se compõe, é uma medida de sua utilidade, pois é pelo prazer que o reconhecimento dessa unidade provoca em nós que podemos aceitar a nova forma, na qual a vida deve continuar, adaptando-nos em conformidade.

O choque do reconhecimento está acima das pessoas ignorantes cujos hábitos são perturbados, e o principal valor social das pessoas de gosto e cultura reside no fato de elas receberem a verdadeira impressão das nossas obras de arte e darem segurança aos seus semelhantes.

Deixe-nos dizer outra vez, portanto, que nosso objetivo principal é achar a forma pela qual nossa vida possa prosseguir adequadamente, e assim procurar não tanto por um universo em expansão contínua como por aquilo que possa limitar e definir a forma da vida humana, uma vez que não existe forma sem limitação e definição.

Esse é pelo menos o objetivo da grande arte que agora contemplamos, e será seu âmbito muito menor do que a própria vida? Tão menor que não possa servir como modelo para alguma mensuração do que deveria disciplinar o mundo das técnicas, ou mesmo da própria ciência?

Descrevi no Cap. 4 o clima emocional em que a arquitetura moderna nasceu e lutou para estar presente até hoje. Achei difícil, e até desagradável fazer esse pronunciamento pois encontrei bem pouca coisa que pudesse genuinamente celebrar. O que os cientistas tinham a me dizer de suas pesquisas sobre a composição do universo físico oferecia pouco conforto para a humanidade; tendo, porém, a sociedade, ao primeiro sinal destas descobertas de sucesso, acolhido em seu seio a esperança imensa de um resultado através das ciências naturais, tendo composto para todos os fins práticos uma filosofia dessa idéia errônea do progresso, encontrava-se em processo de desintegração quando comparada com seu estado anterior, uma fragmentação de personalidade que afligia, agora se reconhece, tanto o corpo da ciência como da própria sociedade.

O que se salientou para mim neste estudo, aquilo sobre que um autor após outro insistiu, foi a crescente falta de forma da sociedade, notada no informe espraiamento urbano, típico em toda a parte no mundo tecnocrático. Foi como se o aumento fenomenal na rapidez de toda a forma de comunicação fosse anulado por um aumento no número de pessoas uniformes e por uma grande massa de matéria não-identificável que impedisse a coesão. Foi como se a luta para estabelecer formas de ordem a que chamamos civilização, culturas importantes para as circunstâncias, estivessem sendo constantemente vencidas pelo processo de entropia, a tendência das coisas de reverterem à condição de simples massas, ou matéria, ou grama ou algo sem valor.

Fui levado a suspeitar da existência de um erro no cerne dessa grande idéia tecnocrática que deveria trazer tanto conforto à humanidade, e esse erro, se é que posso especificá-lo, surge de uma falta de totalidade, uma falta de coração. Não há coração no material.

Deixe-me agora atualizar de um modo bastante prático o quadro de um mundo cada vez mais acanhado a começar por nossa própria ilha.

Sem incomodá-los com estatísticas, que superam nossa capacidade de utilizá-las, analisarei o crescimento de Londres que passou, em cento e cinqüenta anos, de uma população de menos de um milhão para o seu tamanho incalculável do presente, incalculável porque não se trata mais de uma cidade mas de um região, uma atividade central com vastos efeitos periféricos, que não poderemos controlar se continuarmos a pensar em Londres como sendo uma cidade.

Cobbett chamou-a de "grande Wen", que é um tumor mais ou menos permanente por não poder se deslocar confortavelmente de um extremo a outro da cidade. Hoje é grande demais até para pensar nisso.

Nossas tentativas de limitá-la, confinando o crescimento a Novas Cidades-satélites falharam. Ela própria continua crescendo em tamanho e densidade e seu crescimento agora é registrado em cidadezinhas e aldeias sonolentas tão distantes como King's Lynn e Thetford, e dá cor e futuro ao Sudeste da Inglaterra sob a forma de uma pressão populacional em toda essa área, constituída de um aumento natural mas formidável de uma imigração de alhures (quer dizer do Norte), e de uma exploração inespecífica devida a sua situação entre Londres e o Mercado Comum (ganhe ou perca). A realidade desta situação atemorizou a Comissão constituída para examiná-la, como deve atemorizar qualquer pessoa que tenha capacidade de reconhecer os efeitos de simples números numa dada ocupação de terreno.

Não se trata do que podemos suportar, insensíveis como estamos à feiúra e à incoerência, pois chega-se a um ponto em que, se formos incapazes de vencer o problema, tudo perderemos. É o ponto em que o aumento de população passa a não ter valor e a vida perde sua razão de ser por ter perdido sua forma.

Passamos agora a pensar em termos de região mais do que de cidade, mas mentalmente ainda não atingimos esse ponto. Le Corbusier desenvolveu através do ASCORAL uma teoria de disposição linear da indústria encadeada numa ligação tripla de estrada de ferro, de rodagem e via fluvial e seguindo as linhas dos leitos dos vales europeus. Esta cidade linear de trabalho se estendia a pontos nodais de transferências e mercados em cidades de contextura concentrada dominando tanto as cidades lineares interligadas como as áreas agrícolas que abrangiam. É uma teoria que se ajusta bem claramente numa Europa em integração e é uma entre outras.

Poder-se-ia dizer que ninguém tem uma cura certa para a nossa Londres em expansão, mas esse é um problema de natureza complexa dependendo de uma grande diversidade de fatos existentes. Não pode ser resolvido, como devemos estar cientes, por ensaios relacionados à habitação, transporte, indústria etc., considerados separadamente. Não será resolvido pela construção de somente uma Cidade Nova na Ilha de Sheppey. Se não puder ser resolvido, então nosso futuro estará em risco.

Se olharmos além, encontraremos em toda a parte o problema do crescimento reproduzido. Paris, com sua forma incisiva, sua articulação arterial, sua largueza e harmonia, Paris, a mais linda cidade do mundo, finalmente sucumbiu à pressão dos números e enfrenta a morte no centro que foi sua vida. A audácia violenta da solução conhecida como Paris Paralela mostrou quão pouco o já audacioso sistema rodoviário partindo da Porta d'Orléans foi capaz de vencer o trânsito apenas, embora o problema não se restrinja ao trânsito.

Em outros lugares da França, as soluções assumem a forma de novas cidades coladas nas existentes, das quais a extensão de Toulouse, conhecida como Toulouse le Mirail é em grande parte a mais abrangente e humana. Sua forma, tão interessante para um biologista, de nenhum modo diverge da indústria: mas a domina e isso é tudo (Fig. 53).

Mas se quisermos sentir o verdadeiro choque do crescimento devemos estudar as várias soluções apresentadas pelos arquitetos-planejadores japoneses para o crescimento de Tóquio. "Não há maneira de limitar o crescimento de Tóquio", diz Kenzo Tange. O crescimento das cidades é um fenômeno da tecnocracia coincidente com o declínio da indústria primária na Inglaterra de 22% para 5%, e o crescimento da indústria terciária, isto é, administração, vendas, finanças, pesquisas, de 30% para 62%. O tamanho de Londres inevitavelmente aumentou mais depressa que os meios de controlá-lo e, por esses dados, Tóquio, que em 1960 tinha mais de treze milhões de habitantes na área metropolitana, terá vinte milhões antes da virada do século.

Tange salienta o ponto óbvio de que a chave para o funcionamento de tais concentrações são os serviços de comunicações e o mais interessante disto é que a comunicação pessoal "entre homem e homem, entre homem e função e entre função e função" é essencial ao sucesso; o aumento dos meios de comuni-

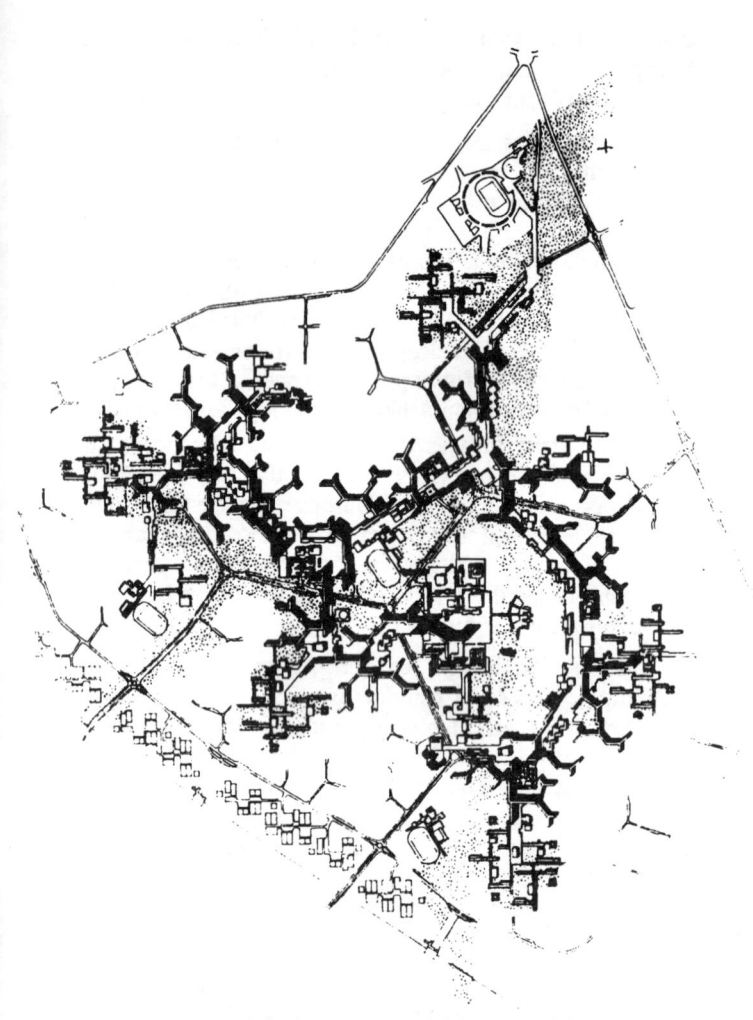

53. Le Mirail, cidade de 100 000 habitantes, a 8 km de Toulouse. Projeto para concurso de 1961, por Candilis, Josic & Woods, mostra edifícios de apartamentos que se ramificam a partir do tronco contínuo para pedestres da atividade comunal. O sistema rodoviário é separado.

54. Detalhe da *maquette* do plano de expansão de Tóquio por Kenzo Tange, mostrando o livre relacionamento entre a estrutura rodoviária e a construção por sobre as águas da Baía de Tóquio.

55. O encontro do sistema viário da Grande Tóquio num sistema de entrelaçamento projetado na Baía de Tóquio como uma grandiosa estrutura comercial e residencial, apoiando-se consideravelmente nas mais avançadas técnicas, mas remontando ao estilo japonês. Pelo arquiteto Kenzo Tange.

56. Fuga dos trabalhadores para o sol. Diagrama tirado do plano de desenvolvimento de Gibraltar.

57. York Minster, das muralhas de York. "Observação interna da catedral que continua essencialmente a ser o maior edifício unitário de Yorkshire."

58. Sheffield como se apresentava cem anos atrás, antes que a ampliação de fábricas e do número de residências houvesse obliterado as formas da região circunvizinha.

59. Conjuntos residenciais de Park Hill e Hyde Park construídos no cimo das colinas, de onde a vista da antiga Sheffield foi tomada, tendo sido eliminadas as favelas das encostas. O primeiro plano constitui objeto de futuro projeto de centro urbano.

60. Woodside, uma das várias cidadelas da sociedade, coroando as elevações de Sheffield, de cujas encostas estão sendo apagados os últimos vestígios de um passado ignóbil.

cação *indiretos,* ocasionando um aumento da necessidade dos *diretos,* sem intervenção de qualquer forma de transmissão mecânica. As Bolsas de Londres oferecem exemplos de formas duradouras de organizações de outro modo muito delicadas, entretanto essencialmente fundadas no contato pessoal, na troca de palavras, no firme olhar nos olhos, de corretores lidando com 60% da carga marítima do mundo, das subscrições de capitais e arbitragem. Seu esquema radical de renovação rompe a forma concêntrica e radial que todas as grandes cidades assumem se não forem controladas, e, como Arthur Korn fez no grupo MARS de planejamento de Londres em 1935, cria um eixo cívico, uma espinha tornando a cidade um sistema aberto, baseado numa organização cíclica de transporte fascinante, muito complicado para ser explicado em poucas palavras.

O que ele propôs foi uma estrutura estranha, complicada, de escala gigantesca, como nenhuma cidade que antes tenhamos imaginado (Figs. 54 e 55); não obstante eu lhes diria que o projeto se ajusta a muitos fatos da situação de Tóquio; ele propicia uma base definida e duradoura para os elementos vitais da comunicação, e estruturalmente está dentro de nossas forças. Basta considerá-lo um reflexo da gravidade do problema urbano do mundo e sua estranheza diminuirá.

O esquema de Noriaki Kuro Kaiva apresenta para nós um duplo interesse. Como o esquema de Tange, ele corta a massa concêntrica de Tóquio com uma espécie de eixo e se dirige para as águas rasas da baía, mas sua forma, baseada em um sistema de construção que não conheço, retorna às formas do reino vegetal. Parece, em seu modo fantástico e romântico, expressar um desejo por um modo de vida inteiramente diferente em que é melhor ser um vegetal do que uma máquina.

Olhem por toda parte as cidades do mundo — Chicago, Bagdá, Cidade do México, Buenos Aires, Lagos, Sidney, Calcutá, Cairo — para onde olharem verão que o fenômeno do crescimento descontrolado se repete, gerando o serviço de trânsito rápido uma expansão que oblitera a forma e sobrecarrega gradualmente as artérias radiais e finalmente traz a morte do centro.

O plano tão radical de Kenzo Tange revela o caráter desesperado do problema de Tóquio, mas pelo menos é um plano. Para Londres não há ainda plano mais radical do que existe para Nova York ou Chicago ou para a maioria das cidades em crescimento no mundo, e devo pedir-lhes para não pensar somente em termos das dramáticas áreas centrais nas quais temos a esperança de realizar a cirurgia civil da renovação, mas também das áreas, as áreas ilimitadas· da penumbra urbana que lembram tanto a descrição do universo físico de Whitehead como um "assunto maçante", meramente a corrida do material, sem fim, sem sentido, com a ameaça implícita, na conexão deste "nada espiritual" com a aniquilação atômica.

Falo da condição de cidades sufocadas pela própria massa de seus habitantes, mas nós na Europa sofremos outra praga que afeta regiões inteiras e se chama turismo. É uma forma do despertar das massas para se apossarem do que antes pertencia à minoria. É uma expressão de abundância, o sinal da elevação dos padrões de vida, e a extensão das possibilidades de escolha a níveis mais modestos da população. Cresceu nos anos recentes para se tornar uma vasta migração sazonal seguindo o sol, buscando saúde, divertimento e conhecimento onde quer que possam ser encontrados, mas estabelecendo-se infalivelmente no que é antigo, belo, cheio de musgo, inconseqüente, o oposto do mundo industrializado de onde provêm, mas que por ser antigo e sensível, meigo e delicado, é incapaz de suportar a avalanche da apreciação em massa e é destruído pelos seus próprios admiradores (Fig. 56).

A extensão do dano causado à Riviera Mediterrânea, à Costa Brava e à Ilha de Maiorca é uma amostra do que acontecerá a outros lugares à medida que a imigração se estabeleça como indústria de vulto dependente da exploração da área para ocupação impermanente-permanente. O litoral italiano já caiu e agora as encostas e os próprios cimos dos montes estão sendo invadidos e o sentido de contraste entre a costa marítima e as colinas está se dissolvendo no nada embaçado a que nos condicionou o nosso ambiente industrializado.

"Você ainda não esteve na Grécia?", disse meu amigo. "Corra antes que acabe. Atenas já se foi, e as ilhas logo seguirão." A moça alemã de biquíni, fotografando a torre de Pisa em *technicolor* não tem uma preocupação no mundo que se refira a esse assunto. Ela entende tão pouco o problema como o comerciário de Ealing em seu novo e luzente minicarro numa alameda de Devon. Mas eles *precisam* entender. Eles devem cooperar na preservação ou não haverá nada a preservar, pois raramente se imagina que possamos criar algo hoje que valha a pena preservar no futuro. Se o turismo é um traço estável da vida moderna então representa um potencial para o qual se pode planejar, um movimento que pode ser guiado e a preservação poderá andar de mãos dadas com a criação.

O turismo é o sinal de um despertar das massas mas não é criativo até que seja delimitado e adquira uma forma como em alguns lugares. Brighton e Bath foram formas alternativas de cidade de recreio, o que poderia ser mais agradável, não havendo moralidade alguma a ser considerada independentemente da estética da forma necessária do que deve ser.

O turismo é o industrialismo em jogo e poderia ocupar seu lugar no crescimento vital da Europa, uma vez entendido, cultivado e harmonizado em seus requisitos com as da agricultura, paisagem e história. É tão necessário em si mesmo quanto as grandes indústrias que o sustentam, e nenhum poderá continuar a existir por muito mais tempo num estado de coisas sem planejamento. A Europa está se tornando agora uma unidade de planejamento que ultrapassa as fronteiras nacionais. Nossos numerosos países se tornaram muito pequenos para o potencial que sentimos em nós mesmos. Assim longe de estar decadente, longe de abdicar de sua autoridade, como um poder a governar a partir do centro de sua vitalidade inventiva, a Europa avança para a realização da forma tanto econômica quanto política que lhe abre o desencadeamento de novas forças de produção e comunicação.

É essa forma que estamos considerando neste livro e, em particular, que sua evolução deveria ser moldada por um uso mais completo do processo intuitivo e abrangente, em lugar das fórmulas desajeitadas e restritas erroneamente derivadas das primeiras descobertas das ciências físicas.

A Expo-67 em Montreal mostrou o caráter crônico de nosso impasse, pois foi uma exposição sem objetivo, embora devesse supostamente interessar às pessoas. Assim, os seus pavilhões nacionais eram em geral meras exibições tecnocráticas, o que quer que ocorresse em seus interiores, inclusive a gigantesca bola de golfe do pavilhão dos Estados Unidos e as linhas caídas e derrotistas da tenda tecnocrática da Alemanha Ocidental, sendo ambos, como tantas coisas mais, manifestações de técnica em busca de substância. Apenas o corajoso e dispendioso esforço de Moshte Safte de equacionar o romance e a técnica em sua habitação de penhasco, *habitat,* ofereceu uma solução possível a um problema premente.

Assim, se forem realizadas outras exposições internacionais que não sejam meros divertimentos comerciais para as massas, veremos o que nos dirão sobre nosso futuro. Ou melhor ainda, montemos uma exposição destas aqui na Inglaterra destinada apenas a isso, a nos mostrar a natureza verdadeira de um futuro para o ambiente natural, com toda a ajuda e aparelhagem tecnocráticas no seu lugar subserviente.

A luta para alcançar a forma é travada entre as perspectivas conflitantes de uma tecnocracia que se divorciou de suas raízes na ciência pura e de uma perspectiva que é invocada, através da arte, para o seu fim último que é servir à humanidade. Desse modo, a forma que temos em mira é humana, mas os meios de alcançá-la tornam-se cada vez mais mecanicistas, e permanece sem solução a questão de saber se poderemos torná-la um sucesso ou, como muitos confessam, se o sistema industrial se baseia numa premissa falsa.

O que acresce nossas dificuldades são os próprios números. Estamos aumentando a população numa proporção superior à nossa possibilidade de alimentá-la quer física quer espiritualmente. Sentimos esta pressão embora pertençamos a um país rico e estável.

Mas, apesar dos grandes danos do século passado e deste, que fazem com que seja para nós mais difícil do que para os escandinavos ou holandeses marcar uma linha definida no século XX, posso verificar em minha própria vida de trabalho uma mudança de atitude que nos oferece alguma esperança.

Há muitos anos fui a Sheffield para fazer preleções na Escola de Arquitetura, e me recordo de que, ao sair da estação, defrontei-me com um quadro que prefigurava o inferno. Era ao cair da tarde e as luzes se acendiam numa névoa marrom de chuva e fumaça, varada por clarões de fornalhas. Ao ruído das ruas se juntavam o clangor dos martelos mecânicos e os gritos do aço cortado, e entre a visão e o som fiquei desnorteado e dominado e daí por diante passei a lembrar de Sheffield com horror (Fig. 57).

Isso foi talvez há um quarto de século, mas nos últimos dois anos estive muitas vezes em Sheffield, atraído pela primeira vista do grande esquema habitacional de Park Hill no alto da colina a contemplar dessa posição a cena que eu encontrara a primeira vez, e atraído pelo caráter do então "City Architect", Lewis Womersley, que dirigiu nos últimos dez anos um trabalho de reconstrução numa escala que abria a oportunidade da renovação nacional que eu havia almejado nos primeiros dias da arquitetura moderna.

Sheffield é uma cidade com cerca de 600 000 habitantes reunidos nas dobras dos vales que avançam até os pantanais, e se esparramam ao longo dos vales mais amplos do Sheaf e do Don e sobre os terrenos entre esses. É uma cidade bastante grande mas não tanto que não se possa visualizá-la e senti-la. Ao se levantar os olhos, vêem-se as colinas. Cursos d'água, embora em triste estado, correm por perto. Ela possui uma configuração: a gente sente os pantanais.

Não sei como Sheffield chegou a ser importante. Talvez fosse a existência de força hidráulica ou minério de ferro que atraiu os habitantes para lá, mas eles se estabeleceram nos vales para produzir facas e tesouras, por volta do século XVII ou XVIII, e os mercados crescentes do mundo os levaram a instalar fornos nas oficinas, enchendo, numa urgência cega e primária os vales, casas e fornos misturados, sem respeito pela natureza ou pela topografia, estradas abrindo passagem por onde pudessem, morro acima ou através deles, os espaços apinhados de casas minúsculas, ligadas pelos fundos, ou duas para cima e duas para baixo, sem esgoto ou espaço livre, sem propriedade de espécie alguma, apenas tetos. E as oficinas não eram melhores; apenas lugares onde efetuar o trabalho, como as tecelagens de Lancashire e Yorkshire e as minas de Northumberland, como a grande região dos Midlands, o Black Country sob o seu permanente manto de fumaça. Como a grande mente material da Inglaterra curvada sob a dura carga da ciência material, estas oficinas tiveram de renegar o espírito para cumprir a lei da oferta e da procura.

Qualquer que seja a forma que a cidade teve, foi-lhe conferida pelas colinas e vales, que ela escurecia e sujava. Os mestres construíam nos vales, subindo as encostas até onde fosse econômico, e sempre apareciam os pantanais; sua argamassa assentou e endureceu, envelheceu, viu bons e maus tempos, e chegou afinal à desagradável forma existente até dez anos atrás, quando se pensou pela primeira vez em Park Hill (Fig. 58).

Park Hill foi primeiro idealizado, pode-se dizer, por Gropius e Le Corbusier, assim como pelo Grupo MARS, por Ruskin e Morris e por Blake, pois sempre pairou sobre todos os movimentos de reforma na Inglaterra a obsedante possibilidade de "uma nova Jerusalém na Inglaterra..." Assim, pode-se ver o processo de criação arquitetônica, exemplificando-se numa série de concepções unificadas, reunindo cada uma delas uma ampla visão de conjunto de eventos contemporâneos numa obra de arte com elementos duradouros, e não limitada ou fechada mas antes se oferecendo para ser ulteriormente fertilizada em obras que reunissem novos fatos em novas circunstâncias.

A unidade habitacional de Le Corbusier, em Marselha, tão justamente chamada l'Unité, fez muitas propostas práticas, inclusive a rebuscada escola maternal na cobertura e a rua interna das lojas, sem muito valor prático. Mas o edifício, apesar desses defeitos, se harmonizava com o espírito da época e era aquilo que Ortega y Gasset denomina "o ápice de seu tempo". Era, ademais, obra de um sentimento religiosamente profundo e obra de uma arte duradoura, profundamente incrustada no espírito contemporâneo.

Deve, portanto, ter afetado as obras que também afetaram os arquitetos de conjuntos habitacionais de Sheffield, e não se trata somente do caso de fórmulas transmitidas ou de técnicas adquiridas, como o da formação de uma atitude, um gosto ou uma cultura, alguma coisa que não tem fronteiras porque no fundo é um sentimento.

O drama da renovação de Sheffield gira em torno da confluência dos vales de Sheaf e Don, onde Sheffield teve início. Mas se estende para todos os lugares, e particularmente pelos vales nos quais a maré escura entrou primeiro.

Uma das coisas maravilhosas do esquema de Park Hill é que não somente as cristas onde foi edificado, mas as íngremes encostas dos próprios morros estavam cobertas pelas mais miseráveis habitações já concebidas pelo homem, construções nascidas no pecado e perpetuando o pecado. E essas construções se foram. Park Hill perde para muita cidade inglória, mas toma ares de superioridade como uma renascida encosta onde árvores ainda novas começam a viver.

A mesma cena se repete em outros vales. As encostas que levam à Universidade se apresentavam outrora incrustadas com ruas estreitas de casas acanhadas, com uma espécie de encanto sombrio que nada mais era do que a memória do século XVIII posteriormente apagada. Restam poucas para serem substituídas e, à medida que o são, uma nova vida emerge nos degraus e pátios de novas casas carinhosamente concebidas, e cada uma em sua pilastra avança numa faixa ascendente de espaço para uma grande avenida, dramaticamente em grandes torres, marchando para o alto, rumo ao horizonte do pântano.

Em Woodside, é o cimo do morro que é coroado por uma mistura de edifícios em lâmina, em torre e outros mais baixos, as estradas se afastando para deixar o centro livre para os pedestres chegarem a suas casas por escadarias e rampas como uma cidade na colina italiana. A beirada inferior terminando abruptamente em blocos como bastiões escorados no espaço aberto, que por toda parte marca o limite das construções, as define e lhes dá forma, encantando a vista com a variedade e o contraste, os próprios ingredientes da arte (Fig. 59).

Assim, para qualquer lugar que se olhe nessa triste cidade velha, a velha oficina das facas e tesouras do mundo, os cimos dos morros acham-se coroados de prazer e deleite, itens numa rigorosa política habitacional, mas afinal alguma coisa para William Blake celebrar. E, à medida que cada obra se completa, a cidade ganha em caráter, é individualizada, separada da massa ofuscante de seu antigo ser, alcançando identidade.

E isto, meus amigos, é civilização agitando a massa entrópica para alcançar a identidade. E a fralda suburbana de Detroit, que lhes descrevi anteriormente não é civilização, nem são os mares informes de ocupação sem nome que se alastram até o velho rijo centro da Londres do século XVIII.

Mas a respeito de Sheffield resta ainda dizer algo sobre o problema mais sério do centro, onde os dois vales se encontram. Numa encosta está Park Hill olhando do outro lado do Sheaf, onde o grosso das atividades comerciais e administrativas sobem pela encosta contrária para logo encontrar uma linha de edifícios cívicos, uma espinha contínua de tribunais, biblioteca e galerias de arte, formando uma face comum com o muro da Escola Técnica, no alto do vale.

Uma terceira colina além da junção dos rios surge com edifícios em torre em direção à forma nascente de uma nova universidade.

Nos fundos dos vales, ainda sufocadas na barafunda do século XIX, passam as estradas de ferro e de rodagem, e aqui, no novo centro comercial enredado em níveis e unindo o novo e o velho, abrigando lojas de cadeias comerciais e *stands* alugados, e aprovisonando todas as classes de cidadãos, como um bom centro comercial deve fazer, é o início de uma transformação que põe à prova nervos fracos ao buscar uma definição de ordem cívica que envolve a gama completa da estrutura urbana do século XX.

Um tronco rodoviário deve ramificar-se para destinações próximas ou distantes; uma estrada de ferro, reduzida logo à posição de combate, deve desempenhar sua função; automóveis e ônibus devem ser estacionados em grande número; as atividades comunais de divertimento e esporte têm de encontrar um lugar, juntamente com as habitações para manter a vida de tudo; e alguns espaços para tomar fôlego e mudar de atividade. E de tal modo que cada coisa deve atuar de acordo com sua qualidade: na rodovia como na ferrovia não ser confusa, no estacionamento de automóveis ter espaço acessível, em moradia ser social, e no divertimento ser gregário; cada função deve ser separada em plano ou em nível, ou ambos, sendo o resultado uma espécie de coberta sobre esse vale, vazada a intervalos para intercâmbio de funções interligadas, e sobre tudo isso uma ligação por uma ponte alta entre Park Hill e o centro da cidade trazendo todos os altos dos morros ao âmago da vida da cidade estendida embaixo.

Tudo isto, e mais do que eu posso descrever em palavras que abranjam todo o lance, é o estado atual da renovação de Sheffield e equivale a uma nova concepção de vida no coração da Inglaterra industrial, uma vida agora medida em termos de valor humano, o que é incomensurável, mas extraída dos músculos da indústria.

Digo aos desanimados e aos que desesperam ante o estado da arte e da cultura que aqui está uma arte vivente, feita de uma cidade inglesa a se renovar a si mesma, uma arte erguida com os próprios materiais da vida infundidos com o espírito de sobrevivência. Está tão tomada do espírito de viver que não tem necessidade de se chamar arte.

Mas se quiserem saber como eles se sentem a respeito, ouçam o que disse um vereador ao entrar na cidade com o City Architect: "A primavera estará conosco logo, Lewis. Olhe o sol nas torres de Woodside, rapaz. Dá gosto de olhar".

Digo mais uma vez que o objetivo da vida é sua continuação e que nós continuamos onde quer que descubramos uma forma para viver que permita à vida exercer suas funções harmoniosamente. Tal forma é melhor expressa para nós pela organização de nossa vida sobre a face da terra e para isto devemos adaptar e modificar os duros e resistentes fatos da natureza a nossos fins e perscrutar sua aparência enigmática. Esta é a tarefa da ciência.

Mas precisamos viver ideal e religiosamente e para isso precisamos permanecer abertos à revelação e esperar as indicações de imortalidade de que falou Wordsworth. Esta é a via da arte.

Nunca houve um período da história em que esses dois objetivos parecessem mais divorciados, mas apesar de tarde, e embora o dano causado tenha sido grande, a tarefa que pode conjugar esses dois lados de nossa natureza permanece na expectativa da recuperação de nosso país em relação ao grande erro de seu passado imediato, que foi o de ter convertido num deserto de abstração ignorante o que era outrora uma forma concreta compreensível.

Não se pense que esses dois lados de nossa natureza sejam de imediato suscetíveis de serem fundidos numa atitude indistinguível, mas é preciso vê-los antes como aspectos ajustados a diferentes tarefas, e encontrar a disciplina que reconciliará sua diferença numa responsabilidade geral para com a sociedade.

É tarde não somente na Inglaterra mas em todo o mundo, onde crescentes populações enfrentam adequadamente o problema de sobrevivência e nossa capacidade de ajudar essas nações emergentes repousa agora, penso eu, não tanto na habilidade acumulativa como cientistas e industrialistas, não tanto, por conseguinte, em nossa realização no passado, como na nova combinação de nossas faculdades contrastantes, que levamos à solução dessa empresa de renovação. O modo pelo qual realizamos esta tarefa é o que devemos ensinar, e isto ainda temos de ensinar a nós mesmos.

Aquilo que Sheffield está fazendo para si devemos agora empreender em toda a Grã-Bretanha, especificamente harmonizar os atos que praticamos à imagem de uma forma ideal que é de fato o meio pelo qual nós continuamos. O instrumento dominante nesta tarefa é um aspecto da arte mas é melhor pensar nele como uma atitude diante da vida.

Estamos, como digo, longe de atingir este ideal, pois mesmo minha própria profissão é concebida de maneira muito acanhada para suportar o peso do que deve realizar. Se a recriação de nosso ambiente físico define o objeto principal da arquitetura, então ela deverá falhar no desempenho a menos que inclua aquilo que também se relaciona com a construção de cidades, isto é, engenharia civil e mecânica, planejamento urbano, arquitetura paisagística, sociologia e muito mais que isso.

Mas a que equivale isso a não ser uma completa reorientação de nossa atitude frente à educação enquanto prepara para a tarefa de renovação social à luz de uma nova apreciação de nossas responsabilidades pelo que é mais profundo do que a concepção econômica ou materialista de qualquer sociedade, contra o que, como na Rússia, sua alma religiosa fala através de seus jovens poetas acorrentados?

Se a ciência procurasse ampliar o domínio que tem exercido há tanto tempo sobre sucessivas gerações de nossa sociedade tecnocrática; se a economia pudesse justificar sua importância nos assuntos da vida;

se a tecnocracia necessita de objetivos que dignifiquem sua agitação de segunda classe, todos deveriam abdicar de suas posições, despirem-se de alguma glória que lhes reste e aceitar encargos subservientes a concepções abrangentes da vida, carregadas da responsabilidade do homem para com o homem.

Deverá então ser banida, de uma vez por todas, a noção errônea, que se costuma, por uma tentação difícil de evitar, imputar aos políticos, porque este é seu óbvio amplificador político, de que números significam progresso e que a expansão não tem limites. Quaisquer que sejam os pontos de vista sobre o universo, eles não apresentam aplicação prática para nós cá embaixo, não importando quão difícil seja combater essa suposição embriagada mas juvenil.

Assim, longe de nosso universo estar se expandindo, está sem dúvida se contraindo à medida que o que era desconhecido, especulativo e ilimitado torna-se conhecido, demarcado, repartido e atribuído, estando seu final a não mais do que um dia de viagem. Esta contração é absoluta.

Quando neste momento a palavra "se expandindo" é usada, e quase sempre ligada ao universo, é entendida no sentido de que nós também estamos nos expandindo como se a expansão fosse uma forma de progresso, e elogiável. E por oposição, "se contraindo" é desanimador e reprovável. Mas com a contração do mundo, que sentimos sem ainda entendê-la ou tendo qualquer sentimento reconfortante a respeito, surgem limites de possibilidades, referentes à população, alimento, uso da superfície da terra, comunicação de várias espécies, água, recompensa pelo esforço e assim por diante, que parecem ameaçadores apenas se comparados ao outro suposto estado.

Todavia, uma das dificuldades em lidar com o assim chamado universo em expansão é que seus problemas se expandem conosco, e permanecem, portanto, sem solução. Isto é verdade em relação à população, alimentos, comunicação, e não é bem verdade com respeito à terra, salvo se se for mais que otimista.

Mas se, em lugar da idéia de perseguir esta expansão sem fim, notarmos suas possíveis limitações, substituiremos a noção de progresso, como uma corrida olímpica com a América do Norte e a Rússia na liderança, por uma tentativa de resolver os problemas de extensão limitada, e a idéia de progresso é desviada de um impulso linear para o desconhecido, ou uma de explosão no espaço não-demarcado, para ser uma realização ou uma consecução tanto mais fáceis de imaginar como progresso quanto possui alvos identificáveis.

E quase instantaneamente os juízos de valores são postos em questão; e estes nos dizem respeito. É como se deixássemos de basear nossa vida em uma campanha de vendas esteada num surto de produtividade e a baseássemos no desempenho de uma missão ainda que de realização difícil ou idealista em sua essência.

Há muitos anos atrás Sir Frank Pick, diretor-geral do sistema de transportes subterrâneos e ônibus de Londres, e que era um homem de um feitio tão moral e idealista como Lord Reith, disse-me o quanto estava preso pela natureza expansionista comercial do empreendimento a que servia:

Não me é permitido ser responsável por meus atos. Se eu lançar uma nova extensão da linha subterrânea, como foi o caso de Cockfosters, provoco uma explosão de desenvolvimento que, se for disciplinada pelo planejamento urbano, torna-se uma comunidade de valia, ou, se deixada a seus próprios cuidados, é uma simples questão de números, uma proliferação sem identidade!

E este é o problema que Henry Adams considerou ao tentar avaliar aquilo que a princípio tomou orgulhosamente como sendo a natureza realmente explosiva da expansão norte-americana e teve afinal de colocar ao lado o resultado infinitamente mais produtivo da Île-de-France, nos séculos XII e XIII registrados nas catedrais daquela região.

E foi o que senti quando, caminhando ao longo dos muros de York, olhei para dentro dessa catedral, que, substancialmente, continua sendo o maior edifício individual em Yorkshire (Fig. 60). "Este edifício — disse a mim mesmo, enquanto meus olhos passeavam carinhosamente pelas delicadas e significativas articulações de sua grande massa — é da melhor qualidade, de primeira ordem em tudo que devia ser. Não é somente a sua audaciosa engenharia, a concepção correta que presidiu os arremessos de suas pressões de cima para baixo, mas o fato de estarem contidas em pedra constitui a celebração do ato, a arquitetura. E o que sustenta esta arquitetura; a glória do vidro a contar a mesma história de sofrimento e esperança que precisamos voltar a conhecer; a escultura; a obra em ferro; os livros de horas; os preciosos missais."

E isto, ocorreu-me, não foi obra do anonimato, por mais que estivesse submersa numa só idéia transcendental, parece hoje ser a contribuição de seus autores. Homens como Henry Yvele, homens de consistência e de valor aí estiveram empenhados. E naquele tempo quantas outras catedrais, além de abadias e mosteiros, disputaram os serviços de arquitetos, artistas e artífices de qualidade que, em qualquer período da história, encorajados por recompensas espirituais ou temporais, devem estar sempre em falta?

Então desci para a cidade e abri as portas de uma dúzia de igrejas paroquiais, de corporações de ofício e casas de misericórdia, restos de capelas; e, na sensível gradação de qualidade da catedral para baixo, consegui uma certa percepção da medida do esforço, de alguma direção ou polarização deste no sentido de um ideal sustentador, o crescimento da mentalidade paroquial em dia de feira para a Cidade de Deus.

Então pensei naquilo que os muros da cidade encerravam e na perigosa terra abandonada da Inglaterra em guerra lá fora, contra a qual esses muros abrigavam uma população tão pequena [3] pelas nossas medidas que, mesmo ressalvando o andamento mais tranqüilo dos eventos nos séculos de construção medieval, seu próprio peso e volume devem ser levados

---

3. A população de York no ano 1200 é estimada em pouco mais de 10 000 habitantes.

em conta, e sua significação espiritual admirada e atribuída a essa comunidade.

E se a vida era tão curta e rude como supomos em nossa complacência, por que então a celebravam em toda parte; e não somente a vida futura, mas a vida que era vivida com vistas a ela?

E se então a vida era curta e rude, o quanto será ela longa, pacífica e suave para muitos neste presente violento? Para que violência ulterior está caminhando? Para que futuro sem ideal?

Ao contemplar este mistério da York medieval, temos a nossa frente uma encruzilhada, pois acredito com Geoffrey Vickers que nossos problemas mais importantes não mais comportam soluções tecnocráticas pois as que buscamos são essencialmente culturais e políticas. Até mais rigorosamente, que devamos efetuar uma escolha, final e irrevogável, entre um futuro tecnocrático e explosivo por natureza e um futuro contido naquilo que nos concerne como sociedade de seres humanos que aspiram à possibilidade de realização.

Aquilo que poderia nos derrotar, então, não seria nem a tecnocracia nem o materialismo, mas o eterno conflito que se verifica entre os dois aspectos de nossa natureza, um conflito submerso por trezentos anos de falsas promessas, que agora enfrentamos — frente a frente, no verdadeiro significado da expressão — como sendo tanto a miséria como a esperança para um mundo insensato.

ARQUITETURA NA PERSPECTIVA

Impresso nas oficinas da
Orgrafic Gráfica e Editora
em março de 2010